住房和城乡建设部"十四五"规划教材
高等职业教育土建类专业 BIM 系列教材

城市轨道交通 BIM 技术应用

段军朝　任　伟　杨亚琴　主　编
李学同　苏　昭　贾锐奇　副主编

中国建筑工业出版社

图书在版编目（CIP）数据

城市轨道交通 BIM 技术应用/段军朝，任伟，杨亚琴主编；李学同，苏昭，贾锐奇副主编. —北京：中国建筑工业出版社，2022.7

住房和城乡建设部"十四五"规划教材　高等职业教育土建类专业 BIM 系列教材

ISBN 978-7-112-27370-6

Ⅰ.①城… Ⅱ.①段… ②任… ③杨… ④李… ⑤苏… ⑥贾… Ⅲ.①城市铁路-轨道交通-计算机辅助设计-应用软件-高等职业教育-教材 Ⅳ.①U239.5-39

中国版本图书馆 CIP 数据核字（2022）第 079856 号

本书参考国家现行标准规范、面向专业岗位及职业需要编写，为城市轨道交通地铁 BIM 应用教学、培训教材。教材由浅入深，侧重于实际案例的应用，涵盖了 BIM 技术的概念、发展及工程建设不同阶段 BIM 技术应用等内容。全书共 6 个教学单元，包括 BIM 应用背景、BIM 应用分析、BIM 应用准备、BIM 在设计阶段的应用、BIM 在施工阶段的应用及 BIM 在运维阶段的应用。

全书以职业能力为核心，从 BIM 技术在城市轨道交通地铁行业的需求出发，旨在提供适合我国城市轨道交通地铁行业的 BIM 技术规范化、标准化应用流程及内容，可作为应用型本科高校、高职院校土建类城市轨道交通类专业相关课程教学用书，也可供从事 BIM 技术研究的人员学习和参考。

为了便于本课程教学，作者自制免费课件资源，索取方式为：1. 邮箱：jckj@cabp.com.cn；2. 电话：（010）58337285；3. 建工书院：http://edu.cabplink.com；4. QQ 交流群：786735312。

QQ 交流群

责任编辑：司　汉　李　阳
责任校对：芦欣甜

住房和城乡建设部"十四五"规划教材
高等职业教育土建类专业 BIM 系列教材
城市轨道交通 BIM 技术应用
段军朝　任　伟　杨亚琴　主　编
李学同　苏　昭　贾锐奇　副主编
*
中国建筑工业出版社出版、发行（北京海淀三里河路 9 号）
各地新华书店、建筑书店经销
霸州市顺浩图文科技发展有限公司制版
北京圣夫亚美印刷有限公司印刷
*

开本：787 毫米×1092 毫米　1/16　印张：11¼　字数：287 千字
2022 年 8 月第一版　2022 年 8 月第一次印刷
定价：**38.00** 元（赠教师课件）
ISBN 978-7-112-27370-6
（38977）

版权所有　翻印必究
如有印装质量问题，可寄本社图书出版中心退换
（邮政编码　100037）

出版说明

党和国家高度重视教材建设。2016年，中办国办印发了《关于加强和改进新形势下大中小学教材建设的意见》，提出要健全国家教材制度。2019年12月，教育部牵头制定了《普通高等学校教材管理办法》和《职业院校教材管理办法》，旨在全面加强党的领导，切实提高教材建设的科学化水平，打造精品教材。住房和城乡建设部历来重视土建类学科专业教材建设，从"九五"开始组织部级规划教材立项工作，经过近30年的不断建设，规划教材提升了住房和城乡建设行业教材质量和认可度，出版了一系列精品教材，有效促进了行业部门引导专业教育，推动了行业高质量发展。

为进一步加强高等教育、职业教育住房和城乡建设领域学科专业教材建设工作，提高住房和城乡建设行业人才培养质量，2020年12月，住房和城乡建设部办公厅印发《关于申报高等教育职业教育住房和城乡建设领域学科专业"十四五"规划教材的通知》（建办人函〔2020〕656号），开展了住房和城乡建设部"十四五"规划教材选题的申报工作。经过专家评审和部人事司审核，512项选题列入住房和城乡建设领域学科专业"十四五"规划教材（简称规划教材）。2021年9月，住房和城乡建设部印发了《高等教育职业教育住房和城乡建设领域学科专业"十四五"规划教材选题的通知》（建人函〔2021〕36号）。为做好"十四五"规划教材的编写、审核、出版等工作，《通知》要求：（1）规划教材的编著者应依据《住房和城乡建设领域学科专业"十四五"规划教材申请书》（简称《申请书》）中的立项目标、申报依据、工作安排及进度，按时编写出高质量的教材；（2）规划教材编著者所在单位应履行《申请书》中的学校保证计划实施的主要条件，支持编著者按计划完成书稿编写工作；（3）高等学校土建类专业课程教材与教学资源专家委员会、全国住房和城乡建设职业教育教学指导委员会、住房和城乡建设部中等职业教育专业指导委员会应做好规划教材的指导、协调和审稿等工作，保证编写质量；（4）规划教材出版单位应积极配合，做好编辑、出版、发行等工作；（5）规划教材封面和书脊应标注"住房和城乡建设部'十四五'规划教材"字样和统一标识；（6）规划教材应在"十四五"期间完成出版，逾期不能完成的，不再作为《住房和城乡建设领域学科专业"十四五"规划教材》。

住房和城乡建设领域学科专业"十四五"规划教材的特点：一是重点以修订教育部、住房和城乡建设部"十二五""十三五"规划教材为主；二是严格按照专业标准规范要求编写，体现新发展理念；三是系列教材具有明显特点，满足不同层次和类型的学校专业教学要求；四是配备了数字资源，适应现代化教学的要求。规划教材的出版凝聚了作者、主审及编辑的心血，得到了有关院校、出版单位的大力支持，教材建设管理过程有严格保障。希望广大院校及各专业师生在选用、使用过程中，对规划教材的编写、出版质量进行反馈，以促进规划教材建设质量不断提高。

住房和城乡建设部"十四五"规划教材办公室
2021年11月

前 言

随着国家信息化建设的高速发展，BIM技术深受各级政府、企业的高度重视和大力支持。近几年，国内城市轨道交通地铁工程的建设飞速增长，轨道交通地铁工程基于BIM技术信息化的建设理论与技术要求逐步提高，且地下空间、隧道工程等对专业人次的需求量随之增大，对专业人才在设计、施工方面的实际操作水平要求也提出了更高的要求，这就对BIM技术在轨道交通地铁工程中的应用技术推广及教育培训提出了迫切的需求。

本教材结合目前专业建设、课程建设、教育教学改革成果，广泛调查目前轨道交通类毕业生的岗位走向和生源等实际情况，参考国家、行业最新规范和标准编写而成，满足轨道交通类岗位人员对BIM技术的技能培训要求。本教材在编写中注重时效性、实用性、系统性，并依据国内大型企业发展特点，结合具体操作案例，从工程实用角度出发，分析我国行业政策规定、项目特点、应用标准条件，按照项目流程，从方案设计到设施运维等全方位地讲解了BIM技术在地铁工程中的应用与具体操作方法，贯彻工程设计、施工及运维这三个方面，契合BIM的基本理念，适用范围广，可操作性强，对应用点、应用流程、应用成果均进行了详细讲述，体现轨道交通领域BIM应用的最新水平。

本教材针对城市轨道交通地铁工程的BIM全生命周期的技术应用研究与实践做了详细的讲解，整理归纳了如何将BIM技术应用于轨道交通地铁工程中以及如何实现BIM技术的价值。针对轨道交通地铁项目实际建设中，设计阶段的方案设计、初步设计、施工图设计及设计优化，施工阶段的项目平台搭建、可视化、数字化加工、质量、安全、进度和成本管理，运维阶段的空间管理、设备管理、应急管理、资产管理等方面，应用BIM技术能解决什么技术问题，如何使BIM技术发挥价值进行了详细讲述，同时还梳理了当前轨道交通地铁行业中BIM应用所存在的问题及解决方案、应用经验和教训等。

本教材共分为6个教学单元，教学单元1主要讲述了轨道交通工程BIM应用的背景；教学单元2对BIM应用的目标及管理思路进行分析；教学单元3重点对BIM实施前的准备工作进行了详细介绍；教学单元4~6分别针对轨道交通地铁工程在设计、施工、运维阶段的各项应用价值、应用流程和具体操作方法进行了详细讲解。结合具体案例详细描述了项目全过程、全专业和各方参与BIM应用的业务流程、建模内容、建模方法、模型应用、专业协调、成果交付等具体指导和实践经验，给出了实用的应用方案，具有很好的教学功能与实用性。

本教材由中建三局基础设施建设投资有限公司的段军朝、中建三局电气化工程有限公司的任伟以及江西省城市建设高级技术学校杨亚琴任主编负责统稿，陕西铁路工程职业技术学院的苏昭、中建三局安装工程有限公司的李学同、贾锐奇任副主编。教学单元1由杨凌职业技术学院的卫少阳编写，教学单元2由陕西铁路工程职业技术学院的赵旭坤、王铭编写，教学单元3由中建三局电气化工程有限公司的冉睿、顾彧渊编写，教学单元4由中建三局工程总承包公司的廖前锋、宋俊、汤阳春编写，教学单元5、6由中建三局安装工程有限公司的李学同、贾锐奇编写。本教材编写过程中还得到了华中科技大学的吴贤国教授等专家、学者的大力支持与帮助，再次一并表示诚挚的感谢。

由于编者水平有限，本教材存在的不足和疏漏之处在所难免，敬请各位读者批评指正。

目 录

教学单元 1　BIM 应用背景 ··· 1
　1.1　BIM 概述 ··· 2
　1.2　轨道交通工程 ·· 5
　1.3　BIM 技术与地铁工程 ·· 6
　思考与练习题 ·· 8

教学单元 2　BIM 应用分析 ··· 10
　2.1　BIM 技术的目标 ··· 11
　2.2　BIM 技术的管理 ··· 12
　2.3　BIM 技术的应用 ··· 17
　思考与练习题 ·· 19

教学单元 3　BIM 应用准备 ··· 21
　3.1　BIM 实施组织 ·· 23
　3.2　BIM 实施策划 ·· 32
　3.3　BIM 模型标准的建立 ·· 40
　3.4　BIM 信息化管理平台 ·· 54
　思考与练习题 ·· 57

教学单元 4　BIM 在设计阶段的应用 ·· 59
　4.1　BIM 在方案设计中的应用 ··· 60
　4.2　BIM 在初步设计中的应用 ··· 66
　4.3　BIM 在施工图设计中的应用 ·· 72
　4.4　BIM 在深化设计中的应用 ··· 84
　思考与练习题 ·· 100

教学单元 5　BIM 在施工阶段的应用 ·· 102
　5.1　基于 BIM 的虚拟化施工应用 ·· 104
　5.2　基于 BIM 的数字化加工应用 ·· 116
　5.3　基于 BIM 的施工技术管理应用 ··· 124
　5.4　基于 BIM 的施工进度计划管理应用 ·· 130
　5.5　基于 BIM 的工程质量管理应用 ··· 135

5.6　基于 BIM 的工程安全管理应用 …………………………………………… 141
5.7　基于 BIM 的施工工程造价管理应用 ……………………………………… 148
5.8　基于 BIM 的机电系统调试应用 …………………………………………… 154
5.9　BIM 技术与新技术结合的应用研究 ……………………………………… 156
思考与练习题 …………………………………………………………………… 160

教学单元 6　BIM 在运维阶段的应用 …………………………………………… 162
6.1　运维管理 …………………………………………………………………… 164
6.2　运维平台开发与应用 ……………………………………………………… 171
6.3　BIM 在运维中的展望 ……………………………………………………… 174
思考与练习题 …………………………………………………………………… 176

参考文献 ………………………………………………………………………… 178

教学单元1

BIM应用背景

【知识目标】

BIM应用的背景环境是BIM得以实施的基础保障,通过本单元教学,学生应了解BIM是什么,国内外的发展现状及部分基础BIM软件,了解城市轨道交通地铁工程的组成和特点,理解BIM技术在城市轨道交通地铁工程实施的重要性,掌握BIM技术的实施在轨道交通地铁工程中的应用方向和价值体现。

【能力目标】

具备BIM工程师等关键技术岗位人员对建筑信息模型概念认识的能力;
具备对BIM技术为主导的城市轨道交通地铁工程应用价值的理解能力;
具备BIM技术在城市轨道交通地铁工程应用的推广和学习能力。

【思维导图】

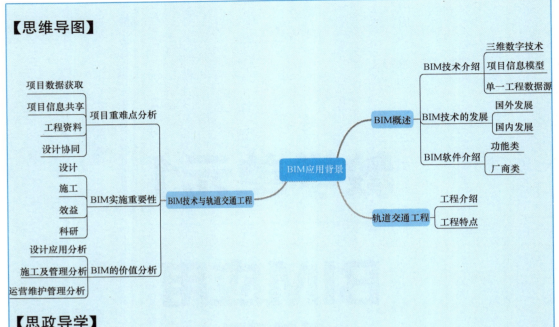

【思政导学】

本教学单元主要内容为 BIM 基础知识，将 BIM 技术应用于轨道交通技术的价值和重要性通过"重庆轨道交通十号线中央公园东站 BIM 应用汇报"视频进行讲述。教师将学生分成若干小组，对各组进行任务分配：调查有关 BIM 技术的发展历程和主要应用软件，了解 BIM 的发展前景。引导学生在个人学习、工作时避免眼高手低，要从最基础做起，脚踏实地走好人生每一步。如何在日后工作中利用好 BIM 技术，展现"中国速度，中国质量"是学生们首要思考的问题。

轨道交通中的 BIM 技术应用

1.1 BIM 概述

建筑信息模型（Building Information Modeling，简称 BIM）是以建筑工程项目的各相关信息数据作为模型的基础，进行建筑模型的建立，通过数字信息仿真模拟建筑物所具有的真实信息的一种数字化信息产物。

1.1.1 BIM 技术介绍

建筑信息模型是指在建设工程及设施全生命周期内，对其物理和功能性进行数字化表达，并依此设计、施工、运营的过程和结果的总称。BIM 技术是一种具有可视化、协调性、模拟性、优化性和可出图性于一体的工程应用工具，是一种多维（三维空间、四维时间、五维成本、n 维更多应用）模型信息集成技术，可以使建设项目的所有参与方（包括政府主管部门、业主、设计、施工、监理、造价、运营管理、项目用户等）在项目从概念产生到完全拆除的整个生命周期内，都能够在模型中操作信息和在信息中操作模型，从而在根本上改变从业人员依靠符号、文字形式、图纸进行项目建设和运营管理的工作方式，实现在建设项目全生命周期内提高工作效率和质量以及减少错误和风险的目标，其主要特点有以下 3 点：

（1）以三维数字技术为基础，集成了建筑工程项目各种相关信息的工程数据模型，是对工程项目设施实体与功能特性的数字化表达。

（2）一个完善的信息模型，能够连接建筑在生命期不同阶段的数据、过程和资源，是对工程对象的完整描述，提供可自动计算查询、组合拆分的实时工程数据，可被建设项目各参与方普遍使用。

（3）具有单一工程数据源，可解决分布式、异构工程数据之间的一致性和全局共享问题，支持建设项目生命期中动态的工程信息创建、管理和共享，是项目实时的共享数据平台。

1.1.2 BIM 技术的发展

BIM 技术由 Autodesk 公司率先商业化并引入工程建设行业，至今已得到了全球范围的广泛认可，是建筑业变革转向信息化的革命性力量。经过国内外 20 余年的发展，BIM 已经是一种应用于工程设计、建造管理的数据化工具，支持项目各种信息的连续应用和实时应用，可以大大提高设计、施工乃至整个工程的质量和效率，显著降低成本。正在成为继 CAD 之后推动建设行业技术进步和管理创新的一项新技术，是进一步提升企业核心竞争力的重要手段。在发达国家和地区，已经相继推出了各具特色的技术政策和措施。

近年来，我国政府和行业协会高度重视，为加速 BIM 的普及应用，BIM 技术的相关研究和应用正在如火如荼地开展，并取得了初步的成效。目前，国内建设行业大型集团企业已经将 BIM 技术的应用发展作为重要战略平台，深度开展了一系列技术交流、教育培训、合作开发、推广应用等方面的工作，有力推动了各层面 BIM 发展。设计、工程企业结合各自单位实际情况，积极推动以 BIM 为主的凝聚核心竞争力的发展理念，投入大量人力、物力，将 BIM 应用于一些代表性工程，有效地提升了企业的技术能力与影响力，取得了较好的社会效益和经济效益。

但国内 BIM 技术的发展仍然存在许多不足，从行业宏观层面上讲，尚未形成完善的 BIM 标准体系，还缺少具有自主知识产权的 BIM 软件支撑，仅在深化设计和施工应用领域开展了一定程度的应用，还未能在投资策划、设计、施工和运维等全生命周期得到较高水平应用；从企业层面上讲，有些企业对 BIM 技术仅停留在一般认识上，尚未进行深入的研究和应用，对于 BIM 技术理解不深、应用能力不足、人才培养缺乏，使得 BIM 价值难以真正体现。

1.1.3 BIM 软件介绍

软件是实现各项应用的基本工具，BIM 软件可以按照功能和厂商分为两大类。按照功能可分为概念设计和可行性分析软件、核心建模软件、BIM 分析软件、深化设计软件、模型整合软件、进度管理软件、造价管理软件、文件共享和协同软件和运维管理软件等；按照厂商可分为国外软件（如：Autodesk、Bentley、Dassault、Graphissoft 等）和国内软件（如：广联达、鲁班、建研科技、鸿业、斯维尔等）。以功能性划分为例，常用的 BIM 软件及其厂商、用途等介绍见表 1.1-1。

常用 BIM 软件介绍表 表 1.1-1

序号	软件分类	产品名称	厂商	BIM用途
1	概念设计和可行性分析软件	Google Earth	Google	场地分析
		SketchUp	Trimble	多专业设计
		Civil 3D	Autodesk	场地设计
2	常用核心建模软件	Revit	Autodesk	建筑工程建模
		Civil 3D	Autodesk	土木工程建模
		AECOsim Building Designer	Bentley	建筑结构机电等多专业建模
		PowerCivil	Bentley	土木及交通运输建模
		Catia	Dassault Systemes	异形结构建模
3	模拟分析软件	Ecotect	Autodesk	绿色分析
		PBECA2008	中国建筑科学研究院	节能分析
		Bentley Hevacomp	Bentley	气流、光学、水流分析
		IESVE	IES	绿色(气流、日照照明、能耗、热工)分析、疏散模拟
		Flovent	Ansys	空气流动/CFD
		HYBIM Space	鸿业	日照分析
4	深化设计软件	Revit	Autodesk	机电结构深化设计
		Tekla	Tekla	钢结构、预制混凝土结构深化设计
		Inventor	Autodesk	预制加工深化设计
		Planbar	内梅切克	预制装配式建筑深化设计
		Rhinoceros	Robert MeNeel&Associates	幕墙深化设计
		MagiCAD	广联达	机电深化设计
		BIM Space	鸿业	机电深化设计
5	模型整合软件	Navisworks	Autodesk	模型整合
		Navigator	Bentley	模型整合
6	进度管理软件	Navisworks	Autodesk	进度管理
		广联达 BIM5D	广联达	进度管理
		鲁班 BIM	鲁班	进度管理
		Synchro 4D	Synchro	进度管理
7	造价管理软件	广联达 BIM5D	广联达	成本管理
		广联达造价	广联达	工程量计算
		鲁班 BIM	鲁班	工程量计算、成本管理
		iTWO	RIB 集团	成本管理
		Vico Office Suite	Trimble	成本管理
8	文件共享和协同软件	Buzzsaw	Autodesk	文件共享
		Constructware	Autodesk	协同

续表

序号	软件分类	产品名称	厂商	BIM用途
8	文件共享和协同软件	Project Dox	Avolve	文件共享
		广联云	广联达	文件共享
9	运维管理软件	Archi FM	Graphisoft	维护计划、资产管理、空间管理
		Facilities Manager	Bentley	空间管理、设施管理
		ArchiBUS*	ArchiBUS	空间管理、租赁管理、资产管理
		AIM	AssetWorks	维护计划、资产管理、空间管理

注：* 非 BIM 平台，可支持 BIM 信息导入。

1.2 轨道交通工程

城市轨道交通工程是指在城市中修建的快速、大运量、大众化、电力牵引、线路全封闭的轨道交通工程，是城市公共交通的骨干，具有节能、省地、运量大、全天候、无污染、安全性高等特点，属绿色环保交通体系，特别适应于大中城市、特大型城市。

1.2.1 地铁工程介绍

城市轨道交通指采用高规格电容列车，同时高峰小时单向运输能力在 1 万～7 万人的大容量城市轨道交通系统，主要有地铁、轻轨、磁悬浮交通、单轨交通、有轨电车等几种形式，运行线路多样化，综合地下、地面、高架 3 种方式有机结合建造而成的交通线路。地铁是城市轨道交通线路中最为常见的运行模式，是在城市中修建的快速、大运量、用电力牵引的轨道交通，列车在全封闭的线路上运行，位于中心城区的线路，主要敷设于地下隧道内（部分中心城区以外的线路一般设置在高架桥或地面上），涵盖了城市地区路权专有、高密度、高运量的城市轨道交通系统。

近年来，地铁工程建设高速发展，每年都有大量新线路投入建设和使用，国家在轨道交通领域的各项设计施工规范也在不断地更新，无论从设计、施工、运营及管理都面临着前所未有的挑战。在保障工期、质量、安全的前提下，合理全面的施工组织、高效的管理手段、标准化的建设逐渐是业主方和全过程各参与方关注的重点。地铁与城市其他交通工具相比除了能避免城市地面拥挤和充分利用空间外，还有节省土地、节约能源、污染程度小、运行高效率准时、载客流量大等优点，但同时存在建造成本高、前期时间长、部分灾害抵御能力弱等缺点。

1.2.2 工程特点

以地铁工程标准车站为例，包含建筑、结构、轨道、人防、常规水电风、供电、通信、综合监控、信号、车辆、站台门等 20 多个专业系统，其地下车站建设有明挖顺作法、暗挖法、盖挖顺作法和盖挖逆作法，除传统建筑、结构、机电设备系统外，与列车运行安全相关的系统如供电、通信、信号、站台门、AFC 等专业性强、集成度高、各系统之间接口数量众多，因此地铁项目建设具有如下特点：

（1）工程施工作业点多、线路长、作业面广、规模庞大、总投资高。

（2）线路运营开通时间较明确，项目建设前期时间长，但设计、施工周期极其紧张，需采用高效、科学合理的施工技术方案组织施工。

（3）建设参与单位及人员众多，包括前期科研、勘察、设计、咨询、各专业施工、监测、检测、测量以及供货商、集成商等单位，组织协调难度大。

（4）轨道交通地铁工程是集投资、设计、建设、管理、运维于一体，建设、运营风险高，社会责任大。

由此可见，科学合理的策划组织、强有力的管控和监督才能使整个项目得以顺利实施。而如何在大规模建设的形式下确保工程安全与质量，如何在客流量快递增长的情况下保障服务质量，如何在巨量资产增长中做到有效管理是城市轨道交通工程建设所面临的3大挑战。因此，对于城市轨道交通工程各参与方而言，创新思路、提升管理手段和服务水平，运用先进技术和科学手段以提高轨道交通建设和运营业务的组织策划、科学建设、高效生产、质量保证、风险管控和应急处置能力变得尤为重要。

1.3　BIM 技术与地铁工程

针对地铁工程的系统复杂性，BIM 技术的应用主要是对工程项目优化，提升建造效率，节约人力物力，以全生命周期应用的理念，从工程建设设计、施工和运营三个阶段出发，在设计优化、可视化管理、质量控制、进度协调、量化管理五方面发挥价值，综合提升管理效率、降低建设成本。

1.3.1　项目重难点分析

目前，工程项目管理在技术革新、管理模式创新和项目流程梳理上都有了质的飞跃，行业内的企业已普遍拥有一套适合自身企业和社会发展的管理体系。尽管如此，理想的地铁工程项目管理体系执行难度仍非常之大，工程项目数据量大、各岗位间数据流通效率低、团队协调能力差等问题成了制约项目管理发展的主要因素，具体如下。

1. 项目数据获取难度大

项目建设期内，产生海量的工程数据，这些数据获取的及时性和准确性直接影响到各单位、各班组的协调水平和项目的精细化管理水平，而在工程建设期内，各岗位技术人员对于工程基础数据的获取能力较差，造成计划不准确、计划难执行、短周期的核算对比无法实现、过程数据难以管控等相关问题。

2. 项目信息共享难度大

在各工种、各条线、各部门协同作业时往往凭借经验进行布局管理，各方的项目信息共享与合作难以实现，工程项目的管理成本骤升、浪费严重，使得项目管理决策者获取工程数据的及时性和准确性不足，严重制约了各条线建设管理者对项目的统筹管理能力。

3. 工程资料保存难度大

项目建设过程中，项目工程资料种类繁多、体量较大，部分资料较为重要，如变更单、签证单、技术核定单、工程联系单等重要资料的遗失，将对工程建设各方责权利的确定与合同的履行造成重要影响，而工程项目从开始到竣工后大量的施工依据不易追溯，大部分资料保存在纸质媒介上，保存难度过大、应用周期过长等造成工程资料保存难度较大。

4. 工程设计协同难度大

由于工程设计周期较长、参与单位较多、专业性强、设计人员数量庞大，导致各专业的相互协调难度大，图纸碰撞问题、设计变更问题时有发生，设计图纸的碰撞问题易导致工期延误、成本增加等，给工程质量安全带来巨大隐患，在线路功能性日益复杂、建筑施工周期逐渐缩短的大趋势下，对建筑施工协同设计要求也逐步提高。

1.3.2 BIM 实施重要性

城市轨道交通地铁工程的社会关注度极高，作为城市建设与发展的重要民生工程，建设、设计及施工方担负了更多社会责任与职责，BIM 技术可对保障施工进度与质量、提升建设与运营水平及保障安全平稳运行起到关键作用，为项目提供强有力的支撑。

依据工程的特点，项目 BIM 技术的应用主要由解决施工图设计问题、辅助工程生产建设及保障运营安全三个方面来开展。以某市轨道交通××号线工程为例，总结归纳出 BIM 技术在项目建设周期内的必要性与重要性，主要从以下几个方面阐述：

1. 设计方面

项目涉及的专业学科、专业系统领域多，分支系统之间的接口与穿插数量非常大，可视化、信息化的模型能充分表达设计意图，高效传递设计信息。

2. 施工方面

项目概算明确、建设周期长、过程成本控制难度大，BIM 信息化技术可以提高生产加工效率，对施工组织方案提前预演、项目成本对比分析，来保障项目的顺利完成。

3. 效益方面

项目建设过程中各方信息量大，BIM 信息平台对项目建设数据的高度集成，可充分对不同属性的项目信息共享、传递和处理，提高工作效率，产生经济效益。

4. 科研方面

使用 BIM 技术对施工现场的管理方面应用，有利于对建筑行业科技创新起到示范与推动作用，提高企业核心竞争力的同时，有助于轨道交通领域信息化技术应用的发展。

因此，基于 BIM 技术出发的信息化项目建设模式可在项目设计、施工及运营全过程中，有效控制工程信息的采集、加工、存储及共享交流，从而有利于项目的合理规划与实施。

1.3.3 BIM 的价值分析

BIM 的价值在于可以完善工程建设中从上下游的各个管理系统和工作流程间的纵横项沟通和多维性交流，实现项目全生命周期的信息化管理。

1. 基于 BIM 的设计应用分析

基于 BIM 的项目设计是以 BIM 软件作支撑，将设计理念以三维的形式表达，以模型的信息数据为载体，可以实现不同专业之间的设计意图三维表达和设计信息数据化共享，各专业设计人员直接从信息模型中获取所需的设计参数和相关信息，无需重复录入数据，避免数据冗余、歧义和错误的同时大幅度提高设计效率。近年来，随着 BIM 辅助性软件

BIM 的价值分析

的深度开发,基于 BIM 的正向设计越来越被设计人员所采纳,可以有效减少设计复核计算的工作量,提高设计准确率,有效避免设计错误发生。

2. 基于 BIM 的施工及管理分析

基于 BIM 的施工应用可以在虚拟化三维模型的基础上,进行可视化场地规划、施工组织、施工方案模拟、安全教育等规划、模拟、分析和教育的应用,让施工参与人员充分掌握施工方案及要求,精准开展施工生产;基于 BIM 的施工管理可以利用项目管理平台的动态、集成和可视化的 5D 管理,在施工模拟的基础上从工程的组织、资源、进度、成本、质量和安全 6 个方面做对比分析管控,从而在最大范围内实现资源合理运用,提高管理效率。

3. 基于 BIM 的运营维护管理分析

在国内各大城市现有的运营系统的基础上,深度开发 BIM 技术应用,将带有建筑物属性和设备信息的三维模型与维护管理相结合,可以实现运营期间设备的实时监控,集成的智能化和可视化管理,提前预警、及时定位和处理问题,同时对运行期间的空间、资产、设备、应急、能耗进行监控、分析与预测,实现智慧交通,保障运营的安全性。

思考与练习题

一、填空题

1. 建筑信息模型是通过_____模拟建筑物所具有的真实信息的一种数字化信息产物。

2. 建筑信息模型是指在建设工程及设施全生命周期内,对其_____进行数字化表达,并依此设计、施工、运营的过程和结果的总称。

3. BIM 软件按照功能可分为_____软件、_____软件、_____软件、_____软件、_____软件、_____软件、_____软件、_____软件、_____软件和_____软件。

4. 轨道交通项目 BIM 技术的应用主要由_____、_____及_____ 3 个方面来开展。

5. 基于 BIM 技术出发的信息化项目建设模式可有效控制工程信息的_____,从而有利于项目的合理规划与实施。

6. 基于 BIM 的施工管理是在施工模拟的基础上从工程的_____ 6 个方面做对比分析管控,从而在最大范围内实现资源合理运用,提高管理效率。

二、单项选择题

1. 下列有关 BIM 技术主要特点的描述不正确的是(   )。
   A. 可对工程项目设施实体与功能特性的数字化表达
   B. 可对工程对象完整描述,提供自动计算查询、组合拆分的实时工程数据
   C. 支持建设项目生命期中动态的工程信息创建、管理和共享
   D. 项目建设过程中的工程分析工具和软件

2. (   )不是概念设计和可行性分析 BIM 软件。
   A. Google Earth   B. SketchUp   C. BIM5D   D. Civil 3D

3. 城市轨道交通是指涵盖了城市地区(   )专有、高密度、高运量的城市轨道交通系统

A. 路权　　　　B. 供电　　　　C. 信号　　　　D. 法规

4. （　　）作为常用的 BIM 软件之一，其主要作用为建筑工程建模和机电结构深化设计。

A. Tekla　　　B. Revit　　　C. Navisworks　　D. Inventor

5. （　　）不是用来进行城市轨道交通项目 BIM 技术应用价值分析的。

A. 设计　　　　B. 施工　　　　C. 验收　　　　D. 运维

三、多项选择题

1. Navisworks 软件的主要功能有（　　）。

A. 工程建模　　B. 深化设计　　C. 模型整合
D. 成本管理　　E. 进度管理

2. 城市轨道交通主要有（　　）等几种形式，综合地下、地面、高架三种方式有机结合建造而成的交通线路。

A. 地铁　　　　B. 轻轨　　　　C. 磁悬浮交通
D. 单轨交通　　E. 无轨电车

3. 理想的城市轨道交通地铁工程项目管理体系执行难度仍非常之大，主要包括（　　）。

A. 项目数据获取难度大　　B. 项目信息共享难度大
C. 工程资料保存难度大　　D. 工程施工协同难度大
E. 项目实施管理难度大

4. BIM 技术在项目建设周期内的必要性与重要性主要体现在（　　）几个方面。

A. 设计　　　　B. 施工　　　　C. 运维
D. 效益　　　　E. 科研

5. 深度开发 BIM 技术应用可以实现运营期间设备的实时监控，集成的（　　）管理，提前预警、及时定位和处理问题。

A. 信息化　　　B. 智能化　　　C. 可视化
D. 高效化　　　E. 自动化

四、问答题

1. BIM 技术可实现在建设项目全生命周期内提高工作效率和质量以及减少错误和风险的目标，其主要特点有哪些？
2. 城市轨道交通地铁工程与 BIM 技术相结合，有哪些优势？
3. BIM 技术的应用主要是解决施工图设计问题，请简述 BIM 设计方面实施的必要性与重要性。
4. 分别从施工应用和施工管理两个方面简述 BIM 技术的应用体现。

教学单元2

BIM应用分析

【知识目标】

通过本单元教学，应了解BIM技术在轨道交通项目应用的总体目标及基本要求，了解基本资源配置要求，了解BIM应用平台的类型及操作方式，理解BIM技术在企业级、项目级的实施策略及实施重点，掌握BIM技术管理中的具体内容和要求，掌握设计、施工和运维不同阶段的不同应用点，并理解其各应用点的价值体现。

【能力目标】

具备对城市轨道交通地铁项目BIM技术的总体目标规划及策划能力；
具备对BIM技术应用所需基本资源和应用平台需求的判定及评定能力；
具备分析和判断企业级和项目级BIM技术应用的实施策略和重点的能力；
能熟悉地铁项目BIM技术在设计、施工及运维各阶段的应用内容；
能全面理解BIM技术在轨道交通工程中的应用价值体现。

教学单元2　BIM应用分析

【思维导图】

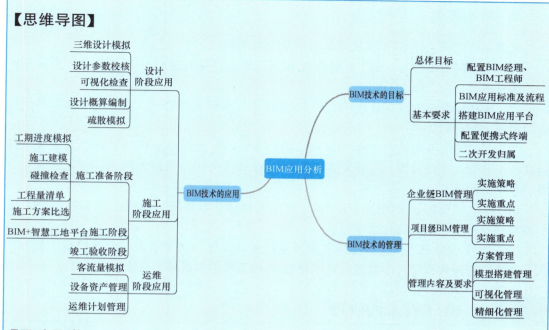

【思政导学】

利用视频资源让学生了解到各行各业都有其相应的管理条例，工程中每个构件的制造都是有严格要求——"无规矩不成方圆"，必须严格按照规章制度从事生产活动。BIM技术采用了数字化、信息化、智能化等现代化管理手段，统一管理着不同专业的人员，推动着工程建设行业飞速发展。通过BIM技术的应用图纸校验和调整将更方便，能及时发现问题，提高解决问题的效率。通过BIM技术分析，培养学生精益求精、追求完美的学习、工作态度。

大步迈向
三维时代

2.1　BIM 技术的目标

在项目建设初期，企业通过建立具有自主知识产权的 BIM 技术应用指导标准，可指导线路建设，在项目实施过程中依托项目信息化管理平台可以提高管理效率、缩短建设工期和节省工程投资的目标，并为线路后期运营维护、验收、审计和技术改造等阶段提供数字信息化支撑。

2.1.1　总体目标

总体目标是工程项目实施的方向，轨道交通工程 BIM 应用的总体目标是以优化工程筹划、控制工程里程碑节点为核心，通过基于 BIM 技术协同工作模式，总体实现项目建设期信息集成、模型展示、信息交互、工程管理和技术协调，以保障项目高效进行，为后期运维管理提供条件。

2.1.2 基本要求

轨道交通地铁工程 BIM 实施基本条件及要求如下：

（1）项目需要配置有一定工作经验的 BIM 经理，足够数量的 BIM 工程师，并定期组织开展考核和培训工作。

（2）项目需制定轨道交通地铁工程 BIM 技术应用标准和流程，各参与方需要共同遵守的规则，履行职责。

（3）项目需要搭建轨道交通 BIM 技术应用平台，配置需满足 BIM 技术所需各类软件运营，平台须具有兼容性，可满足后续线路 BIM 技术应用与管理的融入，满足后续运营维护系统的需要。

（4）项目需要配置便携终端等设备，使用者通过该设备随时随地查看 BIM 模型，进行现场信息采集、成果信息发布等。

（5）项目 BIM 技术成果及相应二次开发产权、版权归属需明确，信息模型成果需纳入企业资产管理体系中，严禁擅自将项目 BIM 模型及相关成果私自输出至外部平台。

2.2 BIM 技术的管理

BIM 技术有助于企业及项目对工程的精细化、信息化及可视化管理，是建筑行业管理水平提升的创新技术之一，针对工程各参与层级对项目管理的需求不同，可分为企业级 BIM 管理和项目级 BIM 管理。

2.2.1 企业级 BIM 管理

随着科学技术的发展，传统的建筑工程项目管理模式将逐步走向信息化时代，而基于 BIM 的项目管理，可以使众多参与单位在同一个平台上实现数据共享，从而使得建筑工程项目管理更为便捷、有效，为使 BIM 技术更好地为企业服务与增值。在基于 BIM 技术的城市轨道交通项目实施过程中，企业级 BIM 管理是数字化建造中企业（或者项目公司）对项目精细化、信息化及可视化管控的一种技术方式，是企业提升管理水平，提高管理效率的一种创新管理模式。

1. 企业级 BIM 实施策略

企业级 BIM 实施策略包括：确定企业 BIM 实施的目标和功能定位，规划企业 BIM 应用的范围，评估企业 BIM 应用的成熟度，制定企业 BIM 应用流程与岗位职责，制定 BIM 应用的企业级标准，搭建企业级 BIM 应用平台及配置企业级软硬件资源。

2. 企业级 BIM 实施的重点

企业在 BIM 实施的重点应涉及企业员工技术储备、企业综合实力的提升、企业 BIM 族库建立和企业管理平台的铺设，具体包括：

（1）促进企业全员掌握 BIM 技术，组建企业 BIM 团队

组织企业技术人员深入学习 BIM 在施工行业的实施方法和技术路线，使得 BIM 技术成为企业全员不可或缺的技术能力。企业员工按照不同岗位分工，在中高层及基层施工、造价管理和项目管理方面能进行 BIM 技术的综合应用，从而加快推动施工人员由单一型

技术人才向复合型全面人才转变,企业技术人员 BIM 能力分析见表 2.2-1。

企业技术人员 BIM 能力分析表 表 2.2-1

序号	岗　位	BIM 技术应用程度
1	高层企业管理人员	了解 BIM 信息化管理理念
2	中层企业管理人员	加深 BIM 施工管理理念、了解实施内容及方式方法
3	技术管理岗位人员	掌握基本 BIM 建模方法、BIM 应用的实施步骤
4	施工管理岗位人员	熟悉 BIM 模型可视化演示操作及模型数据信息查看方法
5	造价管理岗位人员	熟悉 BIM 模型数据信息的录入、查看与分析方法

同时组建多层级团队,建立企业 BIM 技术中心,具体负责 BIM 知识管理、标准与模板、构件库的开发与维护、技术支持、数据存档管理、项目协调、质量控制等;制定企业内部 BIM 标准,规范 BIM 应用,综合提高企业管理效率。

(2) 利用 BIM 技术提升企业综合技术实力

在城市轨道交通地铁工程项目中应用 BIM 技术,可提高设计、施工方三维可视化技术的能力,加深业主对项目功能性的检查。模型的正向设计、可视化渲染、碰撞检测、施工图绘制等功能,使之成为设计及施工企业的核心竞争力,为复杂项目提供技术保障,拓展企业市场,增强企业的影响力。同时促进新技术与 BIM 相结合,通过企业内部(或与科研机构联合)研发的项目信息化管理平台应用,成为企业综合实力进一步提升的关键。

(3) 企业级 BIM 共享族库的开发与应用

"族"是 BIM 系列软件中组成项目的单元,是参数信息的载体,也是一个包含通用属性集和相关图形表示的图元组,其开发与建立分为族样板和族库:族样板建立是在软件原有族样板的基础上结合企业经验与习惯,创建适应企业设计、施工及维护的族样板,作为族库建立的标准样板;族库建立是企业在发展过程中建立、收集族文件,逐步完善高度的参数化性质,可以根据不同的工程项目来改变族在项目中的参数,通用性和拓展性强,积累项目建立的族库组合成为企业特有数据资产。

(4) 企业级 BIM 私有信息资源管理系统建立

基于企业私有云的理念,以各项目创建的 BIM 模型和全过程造价数据为基础,把原来分散在项目个人手中的模型及信息汇总到企业,形成企业级项目基础数据库,企业形成数据库及 BIM 成果。企业将图形工作站、高性能计算资源、高性能存储以及 BIM 软件,统一部署在云端,各系统用户无需安装专业软件,仅需利用普通终端电脑,通过网络连接到云平台进行 BIM 相关工作,提升管理效率的同时,综合减少企业软硬件配置及维护费用。

2.2.2 项目级 BIM 管理

项目实施过程中存在施工实施难度大、参与方众多、协调难度大、施工图反复修改、设备众多、运营维护难度大等难点,作为企业项目生产经营的实践者,越来越多的工程项目组建了 BIM 团队、部门和 BIM 体系标准,具备 BIM 操作能力、技术水平和 BIM 管理经验,提高项目管理水平。

1. 项目级 BIM 实施策略

项目级 BIM 实施策略包括：响应业主要求为企业履约做足准备，执行验证企业信息化管理及 BIM 标准，提升主要操作人员的能力和技术水平，将 BIM 应用在项目建设总体落地以提高项目效益。

2. 项目级 BIM 实施重点

工程建设中项目级实施重点是为了更好地进行项目管理，针对特定项目与特定协议，关注技术的实现与突破，以不影响生产任务为主，实施基础应用为项目增效，同时试点创新性应用，拓展技术突破，建立项目标准，为企业 BIM 的实施与发展做充分实践，如项目施工阶段应用 BIM 的重点除了传统的设计优化和可视化施工管理外，更多的是服务于项目施工管理过程中项目管理信息系统的应用，在前期、进度、质量、投资控制、物资设备及后期运行评价等方面对工程项目进行管理。

2.2.3 管理内容及要求

城市轨道交通工程的 BIM 管理应涉及设计、施工及运营三个阶段，在建设期内设计及施工两个阶段对于线路的安全运行起到关键作用，所以本节主要讲述设计及施工阶段的主要工作内容，该阶段项目 BIM 技术应用主要工作内容包括但不限于：BIM 技术应用标准与流程制定，建筑结构模型建立及设计协调，机电设备模型建立与设计协调，装修模型建立及设计协调，多系统综合协调并出具成果图，施工进度筹划管理，工程变更的复核及结算，竣工模型的建立与移交，BIM 技术相关成果申报等工作内容。

1. 方案管理

轨道交通工程项目实施 BIM 管理，需要依据建设、设计及施工企业自身的发展、规划以及实际需求，编制如下方案：线网级 BIM 应用实施规划方案，控制和复核工程设计内容的 BIM 方案，控制和管理工程建设实施的 BIM 方案，项目整体工作计划方案，单专业工作计划方案（如：结构、建筑、轨道等），定义工程信息和数据管理方案及管理组织中的角色和职责、资源配置方案、运营管理方案等，各阶段基于 BIM 技术的基本应用需求见表 2.2-2。

各阶段 BIM 技术基本应用需求表　　　　　　　表 2.2-2

序号	阶段划分	阶段描述	基本应用
1	方案阶段（若有）	本阶段是为建筑设计后续若干阶段的工作提供依据及指导性的文件。主要内容是根据设计条件，建立设计目标与设计环境的基本关系，提出空间建构设想、创意表达形式及结构方式的初步解决方法等	场地分析，周边建筑物情况
			建筑性能模拟分析
			设计方案比选
			效果模型建立
			BIM 方案文件管理
			决策性方案模型对比
2	设计阶段	本阶段是论证项目的技术可行性和经济合理性，是对方案进一步深化。主要包括：拟定设计原则和标准、设计方案和重大技术问题，考虑和研究建筑结构、轨道、给水排水、暖通、电气、装修、供电、通信等各专业设计方案。协调各专业设计技术矛盾，并确定合理的技术经济指标	车站总体平面规划与布置
			建筑、结构专业模型构建
			建筑结构平面、立面、剖面检查
			面积明细统计表
			相配套的经济技术指标统计
			整体族库的规划、标准、建立及移交

续表

序号	阶段划分	阶段描述	基本应用
2	设计阶段	主要解决施工中的技术措施、工艺做法、用料等问题,为施工安装、工程预算、设备及构件的安放、制作等提供完整的图纸依据	机电、系统各专业模型构建
			冲突检测及三维管线综合
			竖向、横向净空优化
			虚拟仿真漫游
			建筑专业三维施工图
			工程量、造价信息
			细化族库的文件及族库管理
3	施工准备阶段	本阶段是为建筑工程的施工建立必需的技术和物质条件,统筹安排施工力量和施工现场,是工程具备开工和连续施工的基本条件。其具体工作通常包括技术准备、材料准备、劳动力组织准备、施工现场准备以及施工的场外准备等	深化方案性设计
			大型设备运输路径检查方案
			施工方案模拟
			构件预制模型
			工程筹划模拟
			实施工程场地模拟
			灾害应急模拟(施工)
4	施工实施阶段	本阶段是指自现场施工开始至竣工的整个实施过程。其中,项目的成本、进度和质量安全是施工过程的中心任务,其目标是完成合同规定的全部施工任务,以达到验收、交付的要求	虚拟进度和实际进度比对
			工程量、经济指标统计
			设备与材料管理
			质量与安全管理
			施工变更录入
			构建竣工模型
			施工现场关键生产安全控制分析
			侵界模拟检测
5	运营阶段	本阶段是建筑项目管理的最后阶段,承担运营与维护的所有管理任务,其目的是为用户(包括管理人员与使用人员)提供安全、便捷、环保、健康的建筑环境。主要工作内容包括设施设备维护与管理、物业管理以及相关的公共服务等	建筑设备运行管理
			灾害应急模拟(运营)
			空间管理
			资产管理
			运营系统建设
			培训、售后维保的人员信息统计
6	其他	根据工程建设需要所提出的其他应用内容	

2. 模型搭建管理

(1) 建筑结构模型的建立

设计单位提供施工图纸和资料,施工单位结合现场实际施工数据,综合建立主体建筑结构(车站、区间)、车站附属(出入口、风亭、商业开发等)和车辆段、停车场(含地铁上盖物业开发)的BIM模型。建模过程中若发现设计或施工不合理等问题,提交具有指导意义的建模检查报告,配合建设单位进行设计修改,最终提交设计信息完整并与现场施工情况一致的建筑结构模型。

(2) 机电设备模型的建立

设计单位提供的施工图纸和设计资料，结合设备供货商、设备集成商、配套服务商等提供的应用于实际工程的机电设备功能信息、产品参数，机电设备 BIM 模型的建立分专业进行，完善各机电设备的属性信息，在各专业建立完成后，统一进行设计协调，初步排布形成设计模型。

(3) 装修模型的建立

装修设计单位提交装修设计资料，施工单位、材料生产商等提供应用于实际工程的各类装修设施、设备产品信息，在建筑结构模型的基础上进行装修（含导向）模型建立及设计协调。

(4) 多专业模型综合协调

在建筑结构、机电设备和装修综合模型的基础上，进行综合性检查，如：建筑净空检查、碰撞检查、消防疏散模拟、无障碍通道检查、设备通道检查、装修效果模拟、环境漫游等，多专业模型综合协调后，出具相关检查报告并配合设计单位进行优化设计，最后建立无设计缺陷的项目综合 BIM 模型。

(5) 出具综合成果图纸

根据项目综合 BIM 模型及设计成果，分别在施工准备阶段，按实际需求出具相关成果图纸，如单专业施工图纸、孔洞预留施工图纸、综合管线施工图纸、装饰装修施工图纸等。

3. 可视化管理

可视化是 BIM 模型最为直观的表达形式之一，在项目施工准备阶段，利用项目综合模型，可快速高效地制作施工工序演示，重、难点区域设计及施工技术交底等三维动画，如利用模型的三维漫游功能，在 PC 或手持终端移动设备上，简单地行走、巡视、旋转、缩放等功能，可置身于建设项目的任意点实时查看设备、管线安装布置方式，帮助施工人员更深层次地理解设计意图和施工方案要求。同时，在项目建造施工过程中，一方面利用手持移动设备配合监理单位对现场质量安全进行管理控制，对现场施工质量、安全等问题进行统一可追溯管理；另一方面及时了解工程施工状况，全面掌握施工现场的管理情况、进度情况，可视化对比，直观分析，指导建设单位合理调整工期，并使 BIM 模型与现场实际施工保持同步、一致。

4. 精细化管理

(1) 模型工程量分析

工程量即工程的实物数量，是以物理计量单位或自然计量单位所表示各个分项或子分项工程和构配件的数量，是项目经济管理、工程造价控制的核心，BIM 模型可按需实时输出结构、通风与空调、给水排水、强弱电、装修等系统的工程量清单，配合各阶段计量需要，进行动态投资控制。在项目变更、结算等关键节点中，变更模型的更新可指导、监控变更的工程量，跟踪变更的实施与办理工作。

(2) 竣工模型归档

竣工模型是竣工验收归档的重要组成之一，施工单位将施工 BIM 模型中构件或设备与相关电子文档关联，可形成竣工模型的电子数据库，即竣工模型。提交的模型应包含设计荷载、材料属性、用途、技术参数与指标等各类构件、设施、设备和管线的信息；同时附加的电子文档有审查通过的施工图、变更图纸和变更单，施工类信息有现场核定单、监测信息，钢材、混凝土等材料检验报告，机电、设备、管线等检测报告，各分项的验收报告，其他施工过程控制相关信息。

（3）运维模型创建

运维模型是工程运维阶段检查项目关键设备运行状况的关键，以竣工模型为基础，结合运营单位的维护管理要求，通过录入资产编码、产品使用手册、维修要求、设备维修信息记录等运维信息与数据，建立 BIM 运维模型并移交业主。移交运维的 BIM 运维模型除进行相应展示外，必须为后期运维管理平台预留数据接口，满足后期运维系统开放性的需求，实现后期运维管理信息化、巡检维修精细化与可视化。在轨道交通工程运营阶段，运用项目信息集成系统，集成各类相关信息，通过属性查询进行设备维护管理，如对压力管线出现故障进行应急处理，可直接查询重要设备维护记录、资产信息管理、查找故障控制设备等。

2.3　BIM 技术的应用

轨道交通工程各参与方使用基于 BIM 技术的实际应用，是充分利用 BIM 优势，优化和控制项目管理，目的是为项目增值，根据不同时期的 BIM 应用需求，可分为设计、施工、运营维护三个阶段，其 BIM 技术应用目标应按照不同阶段的重难点具体分析。

2.3.1　设计阶段应用

设计阶段采用 BIM 技术，主要应用是对项目进行三维设计、设计参数校核、可视化检查、设计概算编制、疏散模拟等，对建筑功能进行分析、更正，从而选择最优的设计方案，通过对项目的模拟建造，解决土建、机电与设备安装、装饰装修之间的错、漏、碰、缺等问题。其具体应用内容详见表 2.3-1。

Revit 基本认识

设计阶段 BIM 应用目标表　　　表 2.3-1

序号	应用点	应用具体内容	推荐软件
1	三维设计模拟	结合施工图设计进行全专业（建筑、结构、机电）三维建模	Revit、AutoCAD
2	设计参数校核	将施工图设计全专业（建筑、结构、机电）模型放到统一平台，在三维空间中发现平面设计的错漏碰缺，并处理完成	Revit、Navisworks
3	可视化检查	对已有的设计模型进行漫游设置，并导出动画	Revit、Navisworks、Showcase
4	设计概算编制	利用软件明细表功能及扣减规则，添加设备参数，完成工程数量统计	Revit
5	疏散模拟	模拟人员疏散的情况、疏散的时间以及可能的优化	STEPS、FDS+Evac、Building Pathfinder、Simulex

2.3.2　施工阶段应用

施工阶段是工程建设最重要的阶段，主要分为施工准备阶段、施工阶段、竣工验收移交三个不同的阶段：

1. 施工准备阶段

搭建施工协同管理平台，提前策划项目质量、进度、安全、资料等方面的管控措施，优化管理流程；搭建智慧工地平台，对项目的视频监控、数据监测、工人实名制等方面进行集成，对项目的施工情况在电脑端、手机端进行时时监控；利用BIM技术加GIS技术，模拟工程地理位置、地质、水文、周边建筑及管线位置，确定管线迁改、交通导改基本思路；利用BIM技术，模拟施工，对施工组织提前优化，施工准备阶段的BIM应用目标详见表2.3-2。

施工阶段BIM应用目标表　　　　　表2.3-2

序号	应用点	应用具体内容	推荐软件
1	工期进度模拟	施工总工期与施工进度的管理	Revit、Navisworks
2	施工建模	持续在施工图模型的基础上进行模型深化，并加载施工信息（建筑详图、结构件、安装构件、采购信息、设备铭牌、支吊架、监测信息、施工状态等），完善设计模型，直至形成运营模型	Revit
3	深化模型碰撞检查	辅助深化设计后3D协调问题	Revit、Navisworks
4	工程量清单	核实工程量清单，对比实际消耗量与计划工程量，精确核算施工过程成本	鲁班、广联达BIM5D等软件
5	施工方案模拟优选	模拟施工方案过程，演示施工重难点，对比分析不同方案的实施可行性、安全性和经济性	Revit、Navisworks、Delmia

2. 施工阶段

利用智慧工地平台，对项目的视频监控、数据监测、工人实名制等实时监控；利用施工协同管理平台，完成政府单位、业主单位、项目公司、设计单位、施工单位、监理单位等协同工作，完成对项目的资料、质量、安全、进度等方面的管理；利用可视化模型，进行施工优化，包括区段划分、平面布置、机械选型及进出场安排，合理安排工期；利用BIM深化设计，深化管线路径，优化施工工艺，确定过程质量重点。

3. 竣工验收移交阶段

提供完整的、与工程实际一致的模型，辅助工程验收，辅助竣工结算，并为基于BIM的运维系统提供模型和信息基础。

2.3.3 运维阶段应用

运营维护阶段搭建运维管理系统，在三维可视化模式下进行客流模拟管理、设备资产管理和运维计划管理等。其BIM应用目标详见表2.3-3。

运维阶段BIM应用目标表　　　　　表2.3-3

序号	应用点	应用具体内容	推荐软件
1	客流运营模拟火灾及疏散应急预案配置	在三维模型系统内，对客流情况等进行运行模拟，对工作人员岗位进行优化配置；对火灾及其他突发事件进行模拟，拟定应急预案，并对各种与之对应应急预案的实施情况进行模拟分析	VISSIM（2D&3D）、FDS

续表

序号	应用点	应用具体内容	推荐软件
2	资产设施管理	通过三维模型与管理系统的结合,对主要设施(售检票设施、照明、广播、消防、风机、空调、水泵、阀门、变电设备、通信、信号设备、广告等)进行登记管理	提供管理软件接口
3	运维计划管理	对车站的运营维护计划进行策划,根据设备运行状况及时安排维护、保养、更换计划,规范设备维护保养步骤和流程	提供管理软件接口

思考与练习题

一、填空题

1. 在城市轨道交通项目建设初期,企业通过建立具有自主知识产权的BIM技术应用指导标准,可_____。
2. 总体目标是工程项目实施的方向,轨道交通工程BIM应用的总体目标是以_____为核心。
3. BIM技术是建筑行业管理水平提升的创新技术之一,针对工程各参与层级对项目管理的需求不同,可分为_____和_____。
4. 城市轨道交通工程的BIM管理应涉及设计、施工及运营三个阶段,其主要管理内容有_____、_____、_____和_____。
5. 轨道交通工程各参与方使用基于BIM技术的实际应用,是充分利用BIM优势,优化和控制项目管理,目的是_____。
6. 施工阶段是工程建设最重要的阶段,主要分为_____、_____、_____三个不同的阶段。

二、单项选择题

1. 熟悉BIM模型可视化演示操作是企业技术人员能力分析中的(　　)。
   A. 中层企业管理人员　　　　B. 技术管理岗位人员
   C. 施工管理岗位人员　　　　D. 造价管理岗位人员
2. 建轨道交通BIM技术应用平台,配置需满足BIM技术所需各类软运营,平台须具有(　　),可满足后续线路BIM技术应用与管理的融入。
   A. 实施性　　B. 扩展性　　C. 兼容性　　D. 操作性
3. 企业技术管理岗位人员的BIM应用程度有(　　)。
   A. 掌握基本BIM建模方法　　　　B. 熟悉BIM模型可视化演示操作
   C. 熟悉BIM模型数据信息的录入　　D. 了解实施内容及方式方法
4. (　　)是企业在发展过程中建立,通用性和拓展性强,是企业特有数据资产。
   A. 族　　B. 族库　　C. 族样板　　D. 族文件
5. 以下(　　)不是施工阶段BIM技术应用点。
   A. 工期进度模拟　　　　B. 深化模型碰撞检查
   C. BIM验收　　　　　　D. 工程量清单核实

三、多项选择题

1. BIM 技术有助于企业及项目对工程的（　　）管理，是建筑行业管理水平提升的创新技术之一。
   A. 高效化　　　　　　B. 精细化　　　　　　C. 信息化
   D. 可视化　　　　　　E. 自动化

2. 通过基于 BIM 技术协同工作模式，总体实现项目建设期（　　），以保障项目高效进行，为后期运维管理提供条件。
   A. 信息集成　　　　　B. 模型展示　　　　　C. 信息交互
   D. 工程管理和技术协调　　　　　　　　　　E. 可视化管理

3. 设计阶段是论证项目的（　　），是对方案进一步深化。
   A. 数据信息化　　　　B. 技术可行性　　　　C. 工程可视化
   D. 信息集成化　　　　E. 经济合理性

4. 企业在 BIM 实施的重点主要涉及（　　）几个方面。
   A. 企业员工技术储备　　　　　　　　B. 企业综合实力的提升
   C. 企业 BIM 族库建立　　　　　　　　D. 企业效益最大化
   E. 企业管理平台的铺设

5. 以下（　　）是运维阶段的 BIM 技术应用点。
   A. 客流运营模拟火灾　　　　　　　　B. 方案模拟优选
   C. 资产设施管理　　　　　　　　　　D. 运维计划管理
   E. 可视化检查

四、问答题

1. BIM 技术是如何提高企业的核心竞争力的？
2. 简述设计阶段 BIM 技术的应用及其应用价值。
3. 轨道交通工程项目实施 BIM 管理，若要依据建设、设计及施工企业自身的发展、规划以及实际需求，需要编制的方案有哪些？
4. 精细化运维模型的建立在运维阶段有哪些价值体现及应用点？

教学单元 3

BIM应用准备

【知识目标】

通过本单元教学,应了解BIM技术在轨道交通项目中的总体实施策划形式及具体要求,了解BIM实施策划的目标及实施方案,理解轨道交通项目BIM信息化平台的框架和功能需求,掌握轨道交通项目的BIM策划目标和方案内容,掌握BIM模型标准的建立形式和应用标准。

【能力目标】

具备对城市轨道交通项目BIM技术的总体实施规划编写能力;
具备对BIM技术应用所需基本资源和应用平台需求的评定能力;
能熟悉编制轨道交通项目BIM技术在设计、施工及运维各阶段的实施方案内容;
能具体实施轨道交通项目BIM信息化平台的功能测试和功能价值评价。

【思维导图】

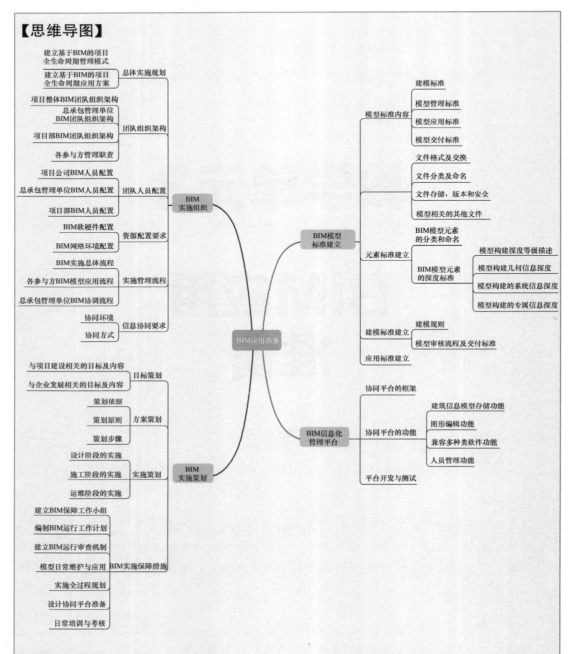

【思政导学】

　　本教学单元通过对于"BIM 标准建立"的有关知识进行讲解，如：制定标准的目的、作用、价值以及国家 BIM 规范体系内容等，向学生展示我国 BIM 技术较为成熟的行业规范。学生自行组队，查询我国现今对于 BIM 技术组织架构、有关模型的标准要求等内容，了解我国在 BIM 技术方面的各项成就，树立家园情怀，增强学生的民族自豪感和自信心。通过课堂上的互动讨论、组员间的交流合作，培养学生相互交流及归纳总结能力，养成团队合作精神。

规范引导
标准先行

3.1 BIM 实施组织

项目全生命周期 BIM 技术应用是一个建立信息模型,将模型应用于指导设计、施工、运维的过程,优化建筑设计、施工方案,是确保各项建设目标顺利实现的过程。在轨道交通工程项目建设过程中,发掘 BIM 技术应用在不同阶段的价值,覆盖项目全生命周期是 BIM 应用实施的最终目的。

3.1.1 总体实施规划

基于项目全生命周期的 BIM 技术的应用框架,可按照项目实施分为方案设计、初步设计、施工图设计、施工准备、施工实施和运行维护 6 个阶段,其总体安排需要具体分析各阶段 BIM 应用的重点和价值体现。

1. 建立基于 BIM 的项目全生命周期管理模式

城市轨道交通项目基于 BIM 技术的管理模式其核心是以云计算为基础,以感知技术为基础,以移动互联为手段,融合 GIS、大数据的项目信息综合管理。在设计、建造、运营和维护的项目全生命周期内,各参与方使用 BIM 技术,充分利用 BIM 优势,达到高效的项目信息化管理、数据共享的目的,提高工程技术、安全、质量、生产进度、商务经济和运营管理等方面的管理效率和精度。

2. 建立基于 BIM 的项目全生命周期应用方案

BIM 技术在城市轨道交通工程的应用达到智能化状态,即在设计、施工及运维过程中更加及时、灵活、准确地获得工程信息,根据城市轨道交通工程的实施特点,具体实施规划见表 3.1-1。

BIM 实施总体规划目标表   表 3.1-1

序号	实施内容	实施效果	目标设定
1	BIM 正向设计	应用 BIM 软件正向设计建筑、结构、机电、给水排水、暖通等全专业内容,符合设计参数,计算系统负荷	均衡 BIM 正向设计与传统设计之间的优劣性,缩短设计周期
2	三维可视化设计	应用各专业三维模型,实现可视化的机电系统路由检查、设计意图传递和设计交底等工作	建立包括各站点和区间的全线各专业三维模型
3	性能及力学分析	应用模型及辅助性计算软件,设定设计参数进行性能分析及力学分析	验证设计信息的功能性、安全性和准确性
4	碰撞检查综合排布	通过综合集成各专业三维模型,应用 BIM 软件自动完成各专业间的碰撞检查,实现进行可视化的管线综合调整工作	生成专业间碰撞检查报告,完成各站点全专业的相互协调及各专业内协调
5	方案实施性验证	危险性较大方案、创新型等新技术通过模型提前进行可行性模拟,分析其实施过程中的危险源及关键措施	分析方案实施的可行性,辅助进行专家评审
6	可视化施工模拟	应用 BIM 模型对各专业施工顺序进行动态模拟,并对关键安装工艺进行可视化动态模拟	生成施工顺序模拟动画和安装工艺模拟动画,实现三维交底功能

续表

序号	实施内容	实施效果	目标设定
7	三维可视化漫游	将BIM模型导入动态漫游软件,实现三维可视化漫游,动态查看和检测构件位置信息、参数信息	应用可视化漫游检查BIM模型并生成漫游动画
8	施工进度管理	将BIM模型导入模拟软件,并与Project进度计划任务进行关联,完成对施工进度计划的可视化动态模拟	生成施工进度计划的4D模拟动画,实现阶段性进度可视化汇报工作
9	质量安全管理	可视化形式进行质量、安全中的巡查、教育、预警,同时借助管理平台＋互联网进行项目过程质量安全问题实时处理,提高效率	辅助项目进行质量、安全管理,减少重复报表,提高管理效率
10	成本管理	借助成本管理平台,应用模型对各专业构件进行分类统计,获得准确的统计工程量等对比分析过程成本	生成工程量统计清单,辅助工程量计算、材料管理工作,成本计算
11	数字化加工	应用BIM模型生成准确的钢筋、风管、电缆桥架和支架的构件数量和类型,并指导构件高效准确地安装到位	指导钢筋、模板、风管、电缆桥架、支架等构件的工厂化预制加工生产和现场安装
12	装配式建筑技术	装配式设备机房应用BIM模型,提前在地面预制加工机房内管道及阀门构件,吊装至现场拼装即可;装配式公区装修施工等	机电设备房、装饰施工提前介入缩短工期,场外加工,确保现场空间环境绿色化施工
13	BIM运维探索	轨道交通地下空间管理、设备资产管理、运行应急及能耗分析管理	开发运维平台,辅助资产、维修、维护、运营等管理

3.1.2 团队组织构架

针对城市轨道交通工程庞大的项目管理体系、漫长的建设周期,项目的BIM模型和其包含的信息,应在所有参建单位之间充分交互、即时更新,随着建筑过程的进展,模型深度不断增加,信息量日益丰富,各参建单位各司其职,确保维护BIM模型和信息是项目BIM实施的关键。因此针对不同维度、不同深度及不同参建单位分别规划BIM团队的组织架构。

1. 项目整体BIM团队组织架构

城市轨道交通工程建设投资较大,国内的建设模式有PPP、EPC、BT等模式,为更好地应用BIM技术,充分发挥BIM优势,统一管理,由业主单位与总承包管理单位依据具体合同要求组建项目公司,项目公司整体决策BIM的应用各项开展,总体协调设计单位在设计阶段BIM的应用;总承包管理单位及监理单位对施工单位进行监督、指导,全面落实项目BIM工作的开展和BIM信息传递;总承包管理单位建立的BIM工作管理部门具体管理各施工项目部BIM工作的开展,项目整体BIM组织架构图如图3.1-1所示。

2. 总承包管理单位BIM团队组织架构

根据各责任部门的特点及城市轨道交通工程土建与机电工程的专业特点,由总承包管理单位总经理(指挥长)总体负责,总工程师管理机电部、技术部,部门内分别设置各专业BIM工程师组建项目管理BIM中心,全面协调管理机电装修工程、土建轨道工程的

BIM 模型建立、BIM 应用开展等工作，总承包管理单位（指挥部）的 BIM 实施体系组织架构如图 3.1-2 所示。

3. 项目部 BIM 团队组织架构

根据总承包管理单位的 BIM 实施总体安排，总承包管理单位 BIM 中心（土建、机电）直接管理各项目部的 BIM 实施组组长，由各项目部 BIM 实施组组长整体协调，统筹各项目部内具体车站、区间、停车场等区域的

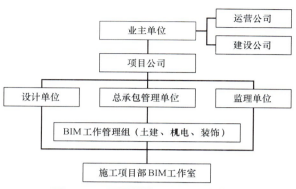

图 3.1-1 项目整体 BIM 组织架构图

全专业 BIM 实施，协调项目部内部不同专业、不同系统之间的接口问题，总体负责站点 BIM 技术应用，各项目部（各施工单位）的 BIM 组织架构如图 3.1-3 所示。

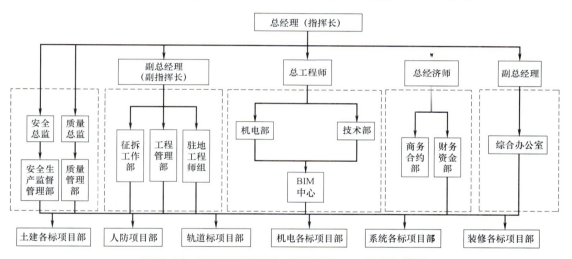

图 3.1-2 总承包管理单位（指挥部）BIM 组织架构图

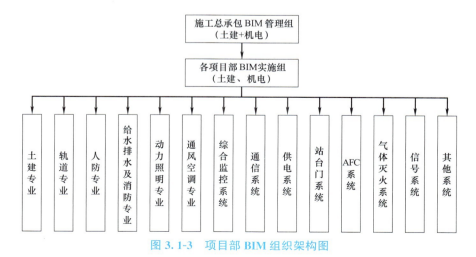

图 3.1-3 项目部 BIM 组织架构图

4. 各参与方管理职责

根据城市轨道交通工程的管理特点和各单位的管理组织架构,在项目 BIM 实施中,各参与方的管理职责详见表 3.1-2。

各参与方职责表　　　　　　　　　　　　　　　　　表 3.1-2

序号	参与方	职　责
1	项目公司	参与设计阶段 BIM 管控,提出设计优化方案等;参与 BIM 工作站项目信息综合管理平台、智慧工地平台的内容控制和平台搭建;协调设计单位、总承包管理单位、监理单位、运营单位的日常维护;对项目实施使用 BIM 平台进行实时监管;收集整理竣工模型;组织搭建施工运维平台,并协调运维管理
2	总承包管理单位（指挥部）	搭建 BIM 平台,确定 BIM 应用目标,制定 BIM 实施大纲,接收 BIM 模型;确定各参与方,监督各项目部 BIM 进展情况;借助 BIM 管理平台,进行安全、质量、进度、成本、合同、信息、协调管理
3	运营单位	落实专人负责信息维护,接收 BIM 竣工模型,负责运维平台的搭建;竣工模型上传至运维平台,优化物业管理,为项目运营期的维护维修工作提供数据参考,为项目扩建、改建、拆除提供必要分析数据
4	设计单位	利用 BIM 技术,对设计方案进行论证、设计参数和设计路径进行优化,并进行施工图碰撞检查、深化,把设计模型提交给项目公司;使用 BIM 技术与项目各参与方进行设计交底;设计变更发生后,对设计 BIM 模型进行变更更新修改
5	监理单位	配合总承包管理单位审核施工方 BIM 竣工模型,对有问题的模型提出书面意见和建议;基于项目信息综合管理平台和智慧工地平台对项目进行工程安全、质量及进度监督
6	项目部	制作施工阶段 BIM 模型,模拟建造,解决"错、漏、碰、缺"问题。根据施工模型优化施工工艺,并提交竣工模型。统筹管理本项目部的 BIM 模型;基于项目信息综合管理平台和智慧工地平台对项目进行工程安全、质量、进度等管理

3.1.3　团队人员配置

1. 项目公司 BIM 人员配置

项目公司的 BIM 管理岗位描述和任职条件见表 3.1-3。

项目公司 BIM 主要管理人员配置表　　　　　　　　表 3.1-3

职务名称	职务描述	任职条件	人数
项目公司 BIM 管理员	参与 BIM 工作站项目信息综合管理平台、智慧工地平台的内容控制和平台搭建;协调设计单位、总承包管理单位、监理单位、运营单位的日常维护;对项目使用 BIM 平台进行实时监管;收集整理竣工模型。组织搭建施工运维平台,并协调运维管理	具有 2 年以上设计经验,2 年以上的项目管理经验,具有 BIM 项目管理经验,具备协调 BIM 实施各参与方能力	1 人

2. 总承包管理单位 BIM 人员配置

总承包管理单位的 BIM 工作组人员配置及岗位描述和任职条件见表 3.1-4。

3. 项目部 BIM 人员配置

各项目部 BIM 工作室配置及岗位描述和任职条件见表 3.1-5。

总承包管理单位 BIM 工作站配置表　　　　　　　　　　　　　　　　　表 3.1-4

序号	职务名称	职务描述	任职条件	人数
1	BIM 中心经理	组织 BIM 工作站,组织制定 BIM 实施方案、BIM 实施标准和 BIM 协同标准,组织搭建项目信息综合管理平台和智慧工地平台;协调和监督各项目部填报项目信息综合管理平台数据;与其他 BIM 参与方沟通协调	具有 3 年以上项目管理和 1 年以上轨道交通施工经验,具有 BIM 项目管理经验,具备协调 BIM 实施各参与方能力	1 人
2	BIM 工程师	按照 BIM 标准创建 BIM 模型,开展性能分析、模拟、统计、专业综合等专项 BIM 应用;添加相关技术和管控信息	具有轨道交通建筑、结构、机电、设备安装等专业的设计知识和施工经验,对 BIM 软件具有操作能力	6 人
3	BIM 数据维护员	收集、管理 BIM 模型及数据;上传、归档 BIM 模型及数据;IT 技术维护	具有一定 IT 及建筑设计、施工从业背景,具有 BIM 数据维护管理经验	1 人

项目部 BIM 工作室配置表　　　　　　　　　　　　　　　　　　　　表 3.1-5

序号	职务名称	职务描述	任职条件	人数
1	BIM 经理	组织 BIM 工作室,组织编写本项目部 BIM 具体的实施内容,填报 BIM 综合管理平台,与其他 BIM 参与方沟通协调	具有轨道交通项目施工经验和 1 年以上 BIM 管理经验,对 BIM 技术具有一定的理解,具备协调 BIM 实施各参与方能力	1 人
2	BIM 工程师	按照 BIM 标准创建 BIM 模型,开展各专业 BIM 建模,并与其他专业综合、协调,添加相关技术和管控信息	具有轨道交通建筑、结构、机电、装饰装修、轨道铺设等专业相关知识,具有 BIM 专业建模经验	≥6 人
3	BIM 数据维护员	收集、管理 BIM 模型及数据,上传、归档 BIM 模型及数据,IT 技术维护	具有一定 IT 及建筑设计、施工从业背景,具有 BIM 数据维护管理经验	1 人

3.1.4　资源配置要求

BIM 实施环境是 BIM 实施的基本保障,实施环境中又包括各类资源如软件资源、硬件资源、BIM 协同实施网络资源及信息化服务平台资源。

1. BIM 软硬件配置

在 BIM 软件选用中,应综合考虑不同专业应用需求、软件优缺点及费用、不同软件间接口标准是否统一等因素,城市轨道交通工程选用软件包含核心建模类、动画制作类、精细化管理类。推荐采用主流 BIM 软件 Autodesk 公司系列 Revit 作为 BIM 应用主体软件,Navisworks、3ds Max 等软件作为施工动画模拟软件,具体解决方案详见表 3.1-6;同时,总承包管理单位负责组织相关培训工作,统一项目软件应用的版本和文件转换要求。

BIM 实施硬件需要充分保障 BIM 技术所需软件的正常运行,各项目部 BIM 工作室使用的计算机硬件平台推荐为台式图形工作站或更高配置,各参与方计算机硬件平台不低于该配置。为实现在施工现场使用手持设备应用 BIM 的需要,采用 5G 无线网络接入 Internet。

项目BIM软件配备及用途一览表　　　　　　　　　　　　　　　　表3.1-6

序号	软件名称	软件类型及功能
1	Revit	三维模型建立、工程量统计、图纸输出、模型信息应用
2	Auto CAD	二维绘图软件
3	InfraWorks	基于GIS的三维地形模型建立
4	Civil 3D	三维绘图软件
5	Navisworks	模型整合平台、模型应用、碰撞检测、动画制作
6	Tekla	钢结构建模、设计、分析
7	Dynamo	动态模拟
8	MagiCAD	机电专业模型建模、分析
9	Solidworks	支吊架模拟及受力分析
10	Rhinoceros	幕墙(出入口、交通枢纽装饰)专业模型建模、设计
11	Lumion	模型渲染、图片视频输出
12	Fuzor	模型漫游及渲染
13	3ds Max	模型渲染、图片视频输出
14	Project	快速、准确地创建项目计划
15	自主开发或采购	管理信息云共享、协同化流程管理、知识库储备
16	自主开发或采购	项目信息综合管理平台
17	自主开发或采购	智慧工地平台
18	自主开发或采购	运维平台

硬件设备的详细配备情况见表3.1-7，图形工作站主要硬件配置不低于表3.1-8中数据。

BIM应用硬件配备一览表　　　　　　　　　　　　　　　　表3.1-7

序号	设备名称	单位	数量
1	台式工作站	台	≥5台/项目
2	移动工作站	台	≥2台/项目
3	智能手机	台	每人1台

BIM工作站硬件最低配置一览表　　　　　　　　　　　　　　表3.1-8

序号	配置	台式工作站	移动工作站	智能手机
1	CPU（处理器）	Intel 至强处理器 E5（4核,3.30GHz）×2	Intel i7（4核,3.8GHz）	—
2	内存	16G DDR3 RDIMM 1600MHz,ECC	16GB DDR3 2×8GB 1600MHz DDR3L	存储容量32G
3	硬盘	256GB SSD+2TB 机械硬盘	256GB 2.5英寸 SATA 固态硬盘	—
4	显卡	NVIDIA Quadro K4000	NVIDIA Quadro K4100M	—
5	显示器	双LED显示器	17.3"UltraSharp FHD(1920×1080)	—

2. BIM网络环境配置

建立局域网，采用工作集协同模式建模，各工作组接入到局域网中，由于同步中心文件时数据瞬时传输量大,需建立千兆级局域网,具体网络拓扑如图 3.1-4 所示。

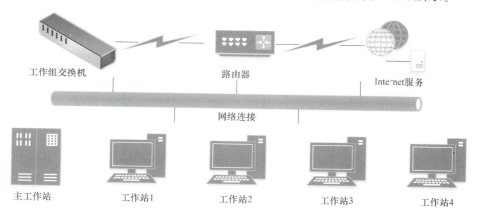

图 3.1-4　BIM 网络环境拓扑图

项目多方协同管理信息化平台是以 Internet 为通信工具,以现代计算机技术、大型服务器和数据库技术、存储技术为支撑,以协同管理理念为基础,将工程项目实施的多个参与方(投资、建设、管理、施工等各方)、多个阶段(规划、审批、招标投标、施工、验收、运营维护等)、多个管理要素(人、财、物、技术、资料等)进行集成管理的网络平台。

协同管理平台的主要功能包括:设计管理、施工组织、进度管理、成本管理、质量管理、安全管理、资料管理等,该平台能协助建设、设计、监理、施工、安装等各参建方进行有效沟通和模型数据传递,并以设计、施工阶段搭建的信息管理平台最终模型数据为基础,搭建运维管理系统,为后期的运营、维护实施提供系统支持如图 3.1-5 所示,某项目信息化综合管理平台局部应用示例。

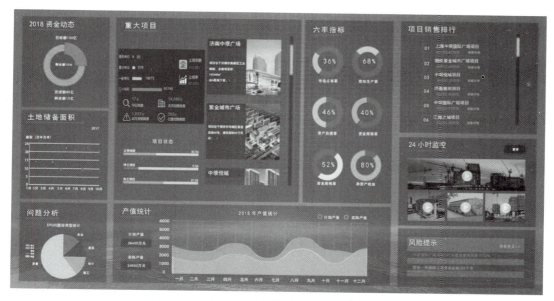

图 3.1-5　某项目信息化综合管理平台局部应用示例

3.1.5 实施管理流程

在 BIM 实施全过程的阶段中,每项特定的应用都有针对其特点的工作流程,各责任方的信息交换要求及信息需求也不尽相同,根据不同的阶段和不同责任方的工作特点,制定相应的 BIM 工作流程,可明确、促进各参与方在全面应用 BIM 技术中的工作衔接。

1. BIM 实施总体流程

在工程策划阶段以全过程 BIM 实施为理念的工作流程如图 3.1-6 所示,确定目标、建立体系和明确各方职责是保障 BIM 实施最为关键的要素。

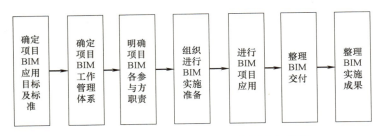

图 3.1-6 工程策划阶段 BIM 实施总体流程

2. 项目各参与方 BIM 模型应用流程

项目实施过程中,各参与方 BIM 模型应用流程如图 3.1-7 所示。

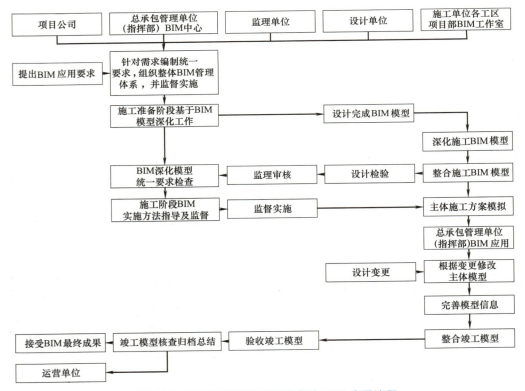

图 3.1-7 项目实施阶段中各参与方 BIM 应用流程

3. 总承包管理单位 BIM 协调流程

总承包管理单位 BIM 协调工作流程如图 3.1-8 所示。

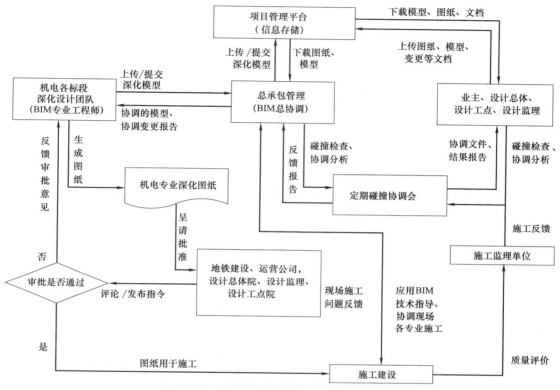

图 3.1-8　总承包管理单位 BIM 协调工作流程

3.1.6　信息协同要求

不同于传统二维设计采用定期定节点提供各专业设计所需资料的方式，仅通过图纸进行专业间信息交换的设计模式，BIM 协同是通过一定的软件工具和环境，以 BIM 信息交换为核心的一种项目协同方式，其目标是让 BIM 数据信息在不同阶段、不同专业间准确传递及共享，从而减少沟通障碍，在此协同模式下，各方基于统一 BIM 模型获取所需数据，以实现并行协同工作。

1. 协同环境

BIM 协同环境对存储和数据管理的要求较高，单纯依靠人工手段难以达到良好的协同工作效果，必须借助信息化技术，在既定的任务分工和标准化流程、标准化数据框架下方能较好实现。在搭建 BIM 协同环境时，建立统一的 BIM 数据存储与管理平台应用规范，使得各方之间数据能有效共享，保证数据的及时性和一致性。协同过程应建立相应数据安全体系，制定 BIM 应用数据安全管理规范，如服务器网络安全控制、数据定期备份和恢复、一定的身份验证和数据使用权的控制。同时依据各参与方的工作范围，对不同参与方的人员分配不同的读、写、修改权限，既保证项目各方可及时得到准确的数据，又不会相互干扰。

2. 协同方式

在轨道交通项目中针对各项目的信息化需求不同，设计阶段和施工准备阶段的 BIM 应用深度不同，会有不同的协同要求、协同方法和工具，在具体的项目实施中，设计方、施工方常用的 BIM 协同主要分为文件链接模型方式、中心文件方式以及平台协同方式。

（1）文件链接模型方式

以 Revit 为例，在 Revit 管理链接命令中，可以进行链接路径类型、参照类型、删除链接、卸载链接、重新载入链接等操作。针对轨道交通站点数量多，位置差异大的模型特点进行链接，使用"共享坐标"功能将主体文件或某一个链接文件的项目基点坐标作为总的基点发布给所有的链接模型中，更新其基点坐标值，"保存位置"后即可自动记录这些模型间的相对位置关系，即使删除后重新链接也可以自动定位。

（2）中心文件方式

中心文件是 Revit 提供的另一种协同方式，也被称为"工作集"方式，可近乎实时将修改体现在中心文件中，该种方式根据各专业的参与人员及专业性质确定权限，划分工作范围，各自独立完成工作，将成果汇总至中心文件，同时在各成员处有一个中心文件的实时镜像，可查看各专业间的工作进度，目前在城市轨道交通设计方、施工方的多专业协同的背景下使用最为广泛。

（3）平台协同方式

上述几种协同方式都只能实现各设计院、项目部内部的协同，基于 BIM 的协同管理平台在总承包管理单位的层面中，通过互联网将多个"身处异地"的工点设计院、项目部的协同环境联系起来，协同管理平台使各参与方基于统一平台工作，将流程和权限集成在平台之中，并分配一定的存储空间及权限，各方仅需凭账号登录平台，完成相应工作，该种方式能很好地确保数据安全及进行过程控制，同时大部分烦琐的处理过程可由平台自动实现，工作效率得到很大提高。

3.2　BIM 实施策划

BIM 实施方案应该涉及设计、施工及运营维护不同阶段，其方案应立足于项目的全生命周期，以设计阶段和施工阶段为管理重点，同时将 BIM 信息技术融合于项目物业运维管理中，旨在为轨道交通地铁项目的建造、运维创造传统管理方式以外的效益，从而提升工程设计和施工管理水平，优化建造工期，保证施工质量，消除安全隐患，实现"绿色建造""智慧建造"的目的。

3.2.1　目标策划

BIM 目标策划中，各 BIM 应用目标要清晰明确、可量化判定，在项目 BIM 实施规划中需要综合考虑应用环境，如企业发展、项目特点等多方面因素，还应包括与项目建设相关的目标以及与企业发展相关的目标，见表 3.2-1，列举轨道交通工程常见的 BIM 应用目标。

轨道交通工程 BIM 技术应用目标及内容　　　　　表 3.2-1

序号	类别	BIM 目标	涉及的 BIM 应用
1	与项目建设相关目标	减少设计错误	设计建模、碰撞检测、可视化漫游
2		绿色设计	建筑环境分析
3		设计出图	设计建模、正向设计、二维出图
4		提升设计效率	设计审查、3D 协调、设计协同
5		优化设计方案	方案比对、碰撞检测、可视化漫游、净空分析、设计协同
6		施工方案优化	施工模拟
7		评估变更带来的成本变化	5D 建模、成本分析
8		施工进度控制	进度模拟、进度控制
9		成本管理	5D 建模、成本分析
10		减少施工冲突	3D 协调、4D 建模
11		支持工厂化加工	深化设计、预制加工
12		支持项目评优	比对评优要求，确定具体应用
13		提高项目管理能力	平台运用、进度管理、成本管理、质量管理、安全管理
14		运维管理	建立运维模型
15	与企业发展相关目标	验证某项 BIM 创新应用	针对验证目标确定，应用总结
16		与企业发展 BIM 标准编制	编制建模标准、应用标准、协同标准、数字化平台标准、交付标准等
17		形成构件库	构件库建立，构件标准化
18		人才培养	BIM 培训

　　轨道交通地铁项目 BIM 目标设立时，应重点关注与项目建设相关的目标，同时依据企业发展特点建立与其相关的目标，企业通过项目建设的实施，逐步积累在轨道交通领域的 BIM 应用经验，通过项目 BIM 目标支撑企业 BIM 的发展。目标策划完成后，各参与方按照职责协调各项资源进行多种 BIM 应用的策划，评估筛选后确定针对具体项目特点的 BIM 应用目标，按照既定标准执行，确保预设目标的有效实现。

3.2.2　方案策划

　　方案策划需要涉及轨道交通建设全过程、全专业，为实现 BIM 应用的标准化及流程化，总承包管理单位要遵守项目公司的合同约定及国家规范，建立一套健全的 BIM 项目流程体系，在项目实施过程中，按照要求严格管理各工点设计院、项目部的 BIM 应用，以实现项目最终目标，并为企业积累 BIM 应用经验，最终为政府、业主交付一系列满意的服务成果，推动城市轨道交通领域 BIM 的应用与发展，为打造数字化城市交通奠定基础。

1. 策划依据

　　方案编制依据主要考虑项目合同要求、项目特点及国内外行业实施情况，国内外 BIM 领先企业报告及标准等，如项目招标文件、项目设计文件、《建筑工程信息模型应用统一标准》GB/T 51212—2016、《城市轨道交通工程 BIM 应用指南》、《建筑工程设计与施工 BIM 应用指南》（中建企业指南）、《中国 BIM 应用价值研究报告》、《中国建筑业

BIM 应用分析报告》、《BIM 在建筑全生命周期中的应用》等行业内的规划、标准。

2. 策划原则

BIM 实施策划方案编制原则详见表 3.2-2。

BIM 实施策划方案编制原则表　　　　　　　表 3.2-2

序号	原则	内容
1	规范合理	严格遵守我国现有法律、法规的规定和企业标准,选择性参照国外规范
2	全寿命周期	应用涵盖施工、设计、运营及维修保养阶段,对比传统管理方式有不可比拟的作用
3	切实可行	BIM 应用一定是建立在切实可行的基础上
4	技术先进	积极推广国内外先进的 BIM 技术
5	模型精准	模型均是在仔细研究招标及设计文件的基础上建立,建模过程力求精准
6	绿色施工	BIM 对施工环境及施工工艺,对不符合绿色施工要求的工艺进行优化

3. 策划步骤

为了保障项目 BIM 应用的高效实施,BIM 实施策划通常应包括 BIM 应用的范围及目标、实施流程、所需信息、应用基础等步骤,各步骤详细策划内容详见表 3.2-3。

BIM 实施策划步骤及内容　　　　　　　表 3.2-3

序号	步骤	内容
1	确定 BIM 应用范围	确定 BIM 应用的周期范围,是项目建设中的某个阶段,还是全生命期,BIM 应用范围的确定应该与项目的需求、团队的实施能力、技术成熟度等条件相匹配,而不应一味追求全面,其中基于全生命期 BIM 技术应用有利于协调各参与方在项目全生命期内协同应用 BIM 技术,充分发挥 BIM 技术的最大效益和价值
2	确定 BIM 应用目标	在项目实施过程中可筛选几个作为项目 BIM 整体目标,再由不同 BIM 应用在项目中的价值进行分析和排序,最后确定具体项目要实施的任务。根据目标确定 BIM 应用,BIM 目标可能对应某一个 BIM 应用,也可能需要若干个 BIM 应用共同完成。包括确定 BIM 应用的预期目标、确定计划完成的 BIM 应用、建立 BIM 应用团队及大致分工、确定整体进度安排等
3	制定各阶段 BIM 实施流程	BIM 实施流程分为整体流程与详细流程。整体 BIM 应用流程确定了不同 BIM 应用间的顺序与相互联系,使团队成员都清楚各自工作流程以及与其他项目成员间的关系;详细流程描述一个或几个参与方完成某一个特定任务的流程,主要包含各项应用的输入输出以及信息交换过程
4	明确过程中所需的信息	定义不同参与方之间的信息交换需求,首先,每一个信息创建者与接收者间必须清楚信息交换的内容、标准和要求;其次,进一步核对 BIM 应用目标,定义信息交换的内容及格式,确定各项信息提供方与接收方
5	确定 BIM 规划所需的软硬件方案	包括交付成果的构成和合同语言、沟通程序、技术架构、质量控制程序等以及保证 BIM 模型的质量和技术应用的保障措施。BIM 实施计划在各方参与下制订,最终由业主确认,为全过程 BIM 技术应用与管理的主要依据

3.2.3 实施策划

BIM 技术的实施在城市轨道交通工程中涉及的范围很广,如设计阶段的方案对比、多专业协同、设计分析等;施工阶段的预制加工、施工方案模拟、施工管理等;运维阶段的空间管理、设备管理、应急管理等。对于实施的策划应该基于项目建立的 BIM 目标之上，对其价值、责任方实施能力、所需资源等综合评估来确定。

1. 设计阶段的实施

设计方案初步确定后，可初步建立项目设计模型，包括 GIS 地形、车站站房、轨道区间、车辆基地及附近重要设施等 BIM 三维模型；同时，各专业设计人员进行专业模型建立，包括建筑、结构、轨道、常规机电、供电、通信、装饰装修等 BIM 三维模型，为设计思路及设计方案的确定提供三维可视化依据。

（1）BIM 设计信息传递

借助 BIM 模型，项目设计团队中不同专业设计人员可充分了解主体设计思路，依据 BIM 信息和可视化表现，消除项目的设计信息孤岛，结合三维模型进行整理、存储和共享，对施工图设计提供依据。

（2）BIM 模型深化设计

应用 BIM 模型进行可视化的深化设计，准确、直观地表达各专业模型的节点构造、位置关系、安装形式和装饰效果，解决各专业的"错、漏、碰、缺"等问题，为施工生产提供准确的位置信息。

（3）BIM 辅助场地分析

在建设过程中将会穿越很多复杂地形，传统的场地分析存在诸如定量分析不足、主观因素过重、无法处理大量数据信息等弊端，总承包管理单位 BIM 工作站核心是通过 BIM 技术结合地理信息系统（GIS），对场地及拟建的构筑物空间数据进行建模，帮助项目在规划阶段评估地铁沿线场地的使用条件和特点，从而做出最理想的场地规划、交通流线组织关系、建筑布局等关键决策。

（4）BIM 辅助分析管线改迁方案

因地下空间复杂、管线密集，轨道交通地铁车站开挖必然会存在与既有市政管线冲突的风险，通过市政探勘图纸，建立准确的地下管线 BIM 模型，分析管线改迁中的空间变化，对比改迁前后管道形态，直观分析和优化管线改迁方案，可辅助分析管线与主体结构以及周边环境的关系，论证改迁方案可行性。

（5）BIM 辅助施工组织准备

通过三维模型对施工组织设计方案的模拟，形成细部图片、漫游视频、模拟动画、分析报告等文档，提前发现施工过程中可能存在的危险源、碰撞、冲突和资源调配矛盾等问题，核对施工组织的充分性和合理性，优化施工工序、资源配置等计划。

2. 施工阶段的实施

施工阶段是现场实施最重要的阶段，主要体现在基于 BIM 技术的施工现场管理，是基于施工准备阶段所建立的模型，配合选用合适的施工管理软件，对项目管理目标、要素进行有效管理，主要包括技术、进度、质量、安全及成本管理。

（1）重难点方案的预建造模拟

轨道交通地铁工程 BIM 实施策划方案

在项目重难点施工方案、特殊施工工艺实施前，将根据环境风险工程专项设计资料，建立风险源治理措施对应的施工模型，对专项方案进行施工模拟，展示预建造过程，供专家进行论证。同时在施工过程中，运用 BIM 施工模拟对施工操作人员进行可视化交底，保证施工工艺的精确度，降低施工操作难度，确保施工质量与安全。

(2) BIM辅助施工动态模拟

应用BIM模型对关键施工方案、工序、工艺进行三维可视化动态模拟，将施工过程进行直观、准确的表现，为现场施工管理提供可靠依据。

(3) 施工进度动态控制

初步模型建立后，总承包管理单位通过BIM与施工进度计划的链接，将空间信息与时间信息整合在一个可视的4D模型中，可直观、精确地反映整个建筑的施工过程，并对全过程施工进度、资源和质量进行统一管理和控制，各项目部可从4D模型中了解主要施工的控制方法、施工安排是否均衡、是否与总体计划匹配等，从而对各阶段工序及时进行调整，以实现缩短工期、降低成本、提高质量的预期目的。

(4) 施工组织模拟

工程建设过程中，总承包管理单位BIM中心将对工程的重点或难点部分进行可建性模拟，按月、日、时进行施工安装方案的分析优化。对于地铁施工一些重要的施工环节，如复杂车站、明挖法、盾构法、矿山法等重要工序及采用新施工工艺的关键部位、施工现场平面布置等施工指导措施进行模拟和分析，以提高计划的可行性，利用BIM技术结合施工组织计划进行预演以提高复杂构筑物的可建造性。同时，总承包管理单位BIM中心将分阶段分区间建立多个施工阶段现场平面布置图，根据现场安全文明施工方案要求进行修整和布置，通过模拟，可以更加直观准确掌握现场施工平面布置情况，提高施工场地的利用率。

(5) 施工资源配置管理

通过从BIM模型中提取模型工程量，用以指导材料物资采购，从进度模型中提取人工、材料、机械工程量，为施工过程的物资采购提供数据信息，确保物资采购的时效性、准确性。将模型工程量、实际消耗量、合同工程量进行对比分析，分析现场施工过程人、机、料等资源配置是否合理，严格控制实际用量与设计用量，同时与商务算量进行对比，降低单一计算的错误率。

(6) BIM辅助施工质量管理

多专业综合施工管理阶段，通过BIM模型对各参建方进行交底，加强对项目部监督管控能力，指导现场各专业的有效施工，实现BIM模式的总承包管理，为项目施工质量的实现保驾护航，同时，多专业综合施工管理阶段，通过BIM模型进行日常技术交底，将施工重要样板做法、质量管控要点、施工模拟动画、现场平面布置等进行动态展示，为现场质量管控提供服务。总承包管理单位人员、项目部管理人员借助移动终端设备搭载的BIM模型进行虚拟漫游检查，指导现场施工作业和质量检查验收，将实测实量数据反馈项目管理平台并粘贴至实体表面，确保工程高质量完工。

(7) BIM辅助施工安全管理

在工程施工过程中，BIM模型结合智慧工地监控系统和VR安全体验技术，实现对施工现场可视化安全管理和施工作业人员的安全操作培训，同时监控项目危险源的变化、危险系数的实时传递、预警危险事故发展的可能性，确保工程安全生产零事故。

(8) 施工成本管理

基于BIM模型的成本管理是将造价数据与模型信息结合，实现算量软件与造价软件无缝连接、图形的变化与造价的变化同步,在造价文件中提供最直观最形象的可视化建筑模型,充分利用建筑模型进行造价管理,实现可框图出价,由模型直接提取工程量进行组价,通过条件统计和区域选择即可生成阶段性工程造价文件,便于成本核算。

(9) BIM 辅助工厂预制和模块化安装

利用 BIM 模型对通用型构件、复杂性节点构件,如钢筋、机电机房等进行工厂化预制加工,模型数据导入自动化加工设备,进行构件的精准下料,确保材料高效利用,并在制造前应用 BIM 模拟装配方案,确保模块化安装满足施工现场条件的要求,提高施工质量和效率。

3. 运维阶段实施

运营和维护管理是地铁项目全生命周期中时间最长、数据量最大的一项工作,基于 BIM+GIS 的运维管理平台,是以项目实施期(设计、施工阶段)的 BIM 最终模型及信息管理数据为基础进行构建,将全线车站数据及其他管理系统整合接入平台,应用手持设备及二维码、RFID(射频识别)等信息交互技术,实现基于三维数据库的资产、设施设备维护和应急处置的智慧运维管理。其主要应用如图 3.2-1 所示。

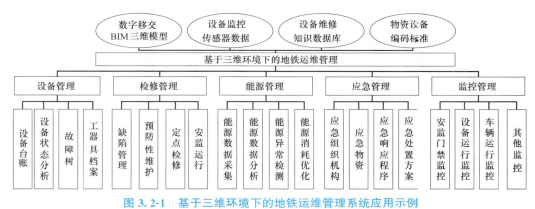

图 3.2-1 基于三维环境下的地铁运维管理系统应用示例

3.2.4 BIM 实施保障措施

1. 建立 BIM 保障工作小组

建立 BIM 保障工作小组是项目 BIM 实施的关键,总承包管理应按照 BIM 组织架构落实成立总包 BIM 系统执行小组,由总承包管理单位 BIM 工作管理组全权负责。经业主审核批准,小组人员立刻进场,以最快速度投入系统的 BIM 工作,为保障各方参与 BIM 工作切实开展,将从以下几个方面重点开展:城市轨道交通地铁工程 BIM 工作领导小组中总承包管理单位总工程师任组长,统一决策 BIM 工作目标,由技术部、机电部专业 BIM 工程师共同组建项目 BIM 中心,BIM 中心由 BIM 经理、土建工程师、钢结构工程师、常规机电工程师、系统专业工程师、装饰工程师组成,中心成员定期沟通,具体落实项目 BIM 管理工作,对项目部的 BIM 工作进行督导与检查。总承包管理单位根据团队需要及时提供现场进展信息,并要求各设计院、项目部及系统工程单位成立项目 BIM 工作执行小组,落实各项目部的 BIM 信息交互、共享等,同时负责各项目部 BIM 应用的具体实施。

2. 编制 BIM 运行工作计划

根据项目特点及整体策划安排，制定项目 BIM 系统整体工作计划，分解目标并明确其控制标准，过程中把控节点红线，对其重点实施的工作计划进行严格跟踪，及时纠偏。同时，对 BIM 应用重点，设计、深化设计和施工应用不同阶段的工作进行细部规划，按照土建施工单位、各机电装修施工单位、系统工程专业施工单位、物资设备供应商的不同应用内容，根据总工期以及深化设计出图要求，编制 BIM 系统建模以及分阶段 BIM 模型数据提交计划、四维进度模型提交计划，由总承包管理单位 BIM 工作管理组进行审核，各项目部执行。

3. 建立 BIM 运行审查机制

BIM 系统是一个庞大的操作运行系统，需要各方协同参与。由于参与的人员多且复杂，需要建立健全一定的检查制度来保证体系的正常运作。对各项目部，每两周进行一次系统执行情况飞行检查，了解 BIM 系统执行的真实情况、过程控制情况和变更修改情况。对各项目部使用的 BIM 模型和软件进行有效性检查，确保模型和工作同步进行，如图 3.2-2～图 3.2-4 所示，分别为三维模型建立、审核和交验流程。

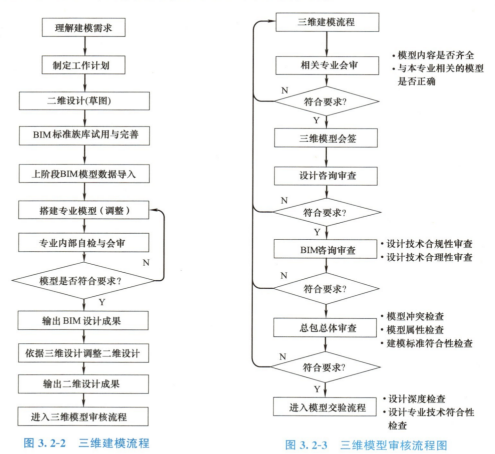

图 3.2-2 三维建模流程　　图 3.2-3 三维模型审核流程图

4. 模型日常维护与应用

各项目部在施工过程中维护和应用 BIM 模型，应按要求及时更新和深化 BIM 模型，

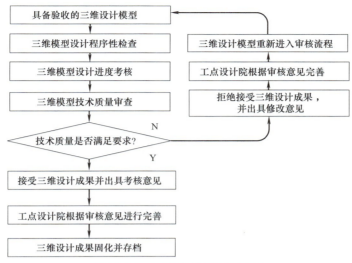

图 3.2-4 三维模型交验流程图

并提交相应的 BIM 应用成果。如在机电管线综合设计过程中，对综合后的管线进行碰撞校验并生成检验报告，设计人员根据报告所显示的碰撞点与碰撞量调整管线布局，经过若干个检测与调整的循环后，可以获得一个较为精确的管线综合平衡设计。在得到管线布局最佳状态的三维模型后按要求分别导出管线综合图、综合剖面图、支架布置图以及各专业平面图，并生成机电设备及材料量化表。在管线综合过程中建立精确的 BIM 模型，还可以采用 Inventor 软件制作管道预制加工图，从而大大提高项目的管道加工预制化、安装工程的集成化程度，进一步提高施工质量，加快施工进度。

运用 Revit、Navisworks 软件建立四维进度模型，在相应部位施工前一个月内，进行施工模拟，及时优化工期计划，指导施工实施。同时，按业主所要求的时间节点提交与施工进度相一致的 BIM 模型，在相应部位施工前的一个月内，根据施工进度及时更新和集成 BIM 模型，进行碰撞检测，提供具体碰撞位置的检测报告。设计人员根据报告迅速找到碰撞点所在位置，并进行逐一调整。为了避免在调整过程中有新的碰撞点产生，检测和调整会进行多次循环，直至碰撞报告显示零碰撞点。对于施工变更引起的模型修改，在收到各方确认的变更单后的 14 天内完成。在出具完工证明以前，向业主提交真实准确的竣工 BIM 模型、BIM 应用资料和设备信息等，确保业主和物业管理公司在运营阶段具备充足的信息集成和验证最终的 BIM 竣工模型，按要求提供给业主。

根据深化设计进度更新、丰富和集成 BIM 模型，进行碰撞检测，提供具体碰撞的检测报告，并提供相应的解决方案，及时协调解决碰撞问题，利用 BIM 模型导出机电综合管道图及综合结构留洞图等施工深化图纸。同时，提供能快速浏览的 nwf、dwf 等格式的模型和图片，以便各方在相应部位施工前的一个月内，按照施工进度表进行 4D 施工模拟，提供图片和动画视频等文件，协调施工各方优化时间安排。在施工过程中，应用项目管理协同平台，以保障项目信息及时有效传递，以开展各项 BIM 应用。

5. 实施全过程规划

为了在项目实施期间最有效落实协同管理与 BIM 应用计划，应先对项目各阶段中团队各利益相关方之间的协作方式进行规划。从建筑的设计、施工、运营，直至建筑全寿命周期的终结，各种信息始终整合于一个三维模型信息数据库中，设计、施工、运营和业主等各方可以基于 BIM 进行协同工作，有效提高工作效率、节省资源、降低成本，以实现可持续发展。

借助 BIM 模型，可大大提高轨道交通地铁工程的信息集成化程度，从而为项目的相关利益方提供了一个信息交换和共享的平台，结合更多的数字化技术，还可以被用于模拟建筑在真实世界中的状态和变化，在建成之前，相关利益方就能对整个工程项目的成败作出完整的分析和评估。

6. 设计协同平台准备

为了保证各专业内和专业之间信息模型的无缝衔接和及时沟通，BIM 项目需要在一个统一的平台上完成。该协同平台可以是专门的平台软件，也可以利用 Windows 操作系统实现，其关键技术是具备一套具体可行的合作规则。协同平台应具备的最基本功能是信息管理和人员管理，在协同化设计的工作模式下，设计成果的传递不应为 U 盘复制及快递发图纸等系列低效滞后的方式，而应利用 Windows 共享、FTP 服务器等共享功能传递。

7. 日常培训与考核

在项目 BIM 实施的初期及过程中，制定培训计划，提出培训方案，定期开展培训，针对项目实施不同周期，重点培训当期项目技术人员主要应用软件的操作，以使得项目技术人员培训结束后正确了解 BIM 技术相关知识，掌握基本的 BIM 建模软件、查看软件等的使用。

3.3 BIM 模型标准的建立

轨道交通工程需制定 BIM 模型标准，将 BIM 模型文件、元素、建模及应用方式标准化规定，确保项目建模及应用过程中各站点、区间、车辆段和停车场等单体建筑的 BIM 模型与数据保持一致，便于对 BIM 模型的综合管理，以提高 BIM 模型在项目建设全过程中的应用效率。

3.3.1 模型标准内容

国内目前 BIM 行业现行的标准有《建筑信息模型应用统一标准》GB/T 51212—2016、《建筑信息模型施工应用标准》GB/T 51235—2017 和《机电工程常用设备、材料 BIM 构件库技术标准》CIAS 11001：2015 等，各省市也出台了 BIM 应用的地方标准及应用指南，如：北京市出台了《民用建筑信息模型设计标准》DB11/T 1069—2014，上海市出台了《建筑信息模型技术应用指南（2017）》。在充分借鉴国内部分企业内部应用及国内各地标志建筑工程的 BIM 开展需求和特点的前提下，总结出工程 BIM 模型标准的建立，可以对工程提供可靠的指导依据和执行方法，模型标准将有利于高效、准确地管理和协调工程的 BIM 模型，为 BIM 模型的应用和最终交付提供依据，见表 3.3-1，为 BIM 模型各方面标准的具体内容。

教学单元3　BIM应用准备

BIM 模型标准内容　　　　　　　　　　　　　　　　　　　　　　表 3.3-1

序号	模型标准类别	具体内容及要求
1	BIM 建模标准	制定统一的 BIM 建模坐标原点、方向、高程基准、构件库、材质库和模型精度要求等，建立样板文件； 要求各站点、区间、车辆段和停车场等单体建筑的 BIM 模型达到标准的各项要求
2	BIM 模型管理标准	制定统一的文件命名、编码、版本和共享等规则，应用业主的 BIM 系统，统一管理全线 BIM 模型文件； 要求各站点、区间、车辆段和停车场等单体建筑按标准的规则保存和上传 BIM 模型文件
3	BIM 模型应用标准	制定统一的 BIM 模型深化设计规则、各专业协同工作规则、施工模拟的表现标准和指导施工生产的操作手册，全线形成统一的应用标准； 要求各站点、区间、车辆段和停车场等单体建筑按标准规定开展各项 BIM 应用
4	BIM 模型交付标准	制定统一的 BIM 模型归档要求、各类文件的格式标准和 BIM 模型的使用说明要求，按目录整体交付； 要求各站点、区间、车辆段和停车场等单体建筑按标准对各自 BIM 相关文件进行整理归档

3.3.2　文件标准建立

根据城市轨道交通工程站点多、区间长，BIM 模型及相关文件的种类和数量繁多的特点，制定 BIM 模型的文件标准，可以对不同单体建筑的各类文件进行标准化管理，以提高各专业间的信息交换效率。

1. 文件格式及交换

本节主要讲述常见的 BIM 核心建模软件、BIM 模型计算分析软件、施工管理软件和动画模拟软件的文件格式，为保证各类软件进行高效的数据交换，对文件格式的存储和交换原则作出以下规定。

BIM 主要软件及文件格式配置详见表 3.3-2。

BIM 应用软件及文件格式配置表　　　　　　　　　　　　　　　　表 3.3-2

序号	软件名称	用途及文件格式
1	AutoCAD	用于保存设计图纸、施工用图纸文件均使用".dwg"格式
2	InfraWorks	用于全线模型与地理地形整合文件，使用".sq.ite"格式
3	Revit	项目文件使用".rvt"格式，项目样板文件使用".rte"格式； 族构件文件使用".rfa"格式
4	Navisworks Manage	单一项目文件提交".nwc"格式，整体项目文件提交".nwd"格式
5	MagiCAD for Revit	提交文件格式为".rvt"
6	Autodesk CFD	提交文件格式为".cfdst"及相关计算文件
7	Inventor	提交的零件模型格式为".ipt"，装配部件文件为".iam"； 工程图纸格式为".dwg"
8	3ds Max	提交模型文件格式为".max"
9	Lumin3D	提交模型文件格式为".svr"

BIM 模型文件之间的信息交换原则应遵循文件数据交换要求，详见表 3.3-3。

BIM 模型文件数据交换配置表　　　　　　　　表 3.3-3

序号	软件	交换格式	用途	规则
1	AutoCAD 与 Revit 数据交换	*.dwg 文件	AutoCAD 图纸导入 Revit 模型用于平面定位参照；Revit 模型导出二维施工用平面纸	AutoCAD 图纸导入 Revit 模型应保证单位一致；Revit 模型导出 AutoCAD 图纸时应保证各类别构件导出设置符合图纸要求
2	Revit 与 Navisworks 数据交换	*.nwc 文件	Revit 模型导出"*.nwc"格式文件在 Navisworks 中进行模型综合、碰撞检查、虚拟漫游、施工模拟等	Revit 模型导出"*.nwc"格式时应根据需要进行正确的设置
3	Revit 与 Autodesk CFD	*.cfdst 文件	Revit 模型导入 Autodesk CFD 软件生成有限元分析模型用于流体运动模拟	应对模型各个空间的完整性、正确性进行检查
4	Revit 与 3ds Max	*.max 文件	Revit 模型导入 3ds Max 动画模拟和效果渲染	通过 suite 工作流转化模型

2. 文件分类及命名

依据 BIM 模型在不同阶段及各参与方对文件交换的需求，可分为原始设计文件、深化设计过程中文件、深化设计完成文件、施工应用文件等四个类型的文件夹结构，分别存储不同阶段的文件，以便于更规范地管理项目文件，并提高信息沟通效率，如图 3.3-1 所示，为某轨道交通 BIM 文件夹结构划分。

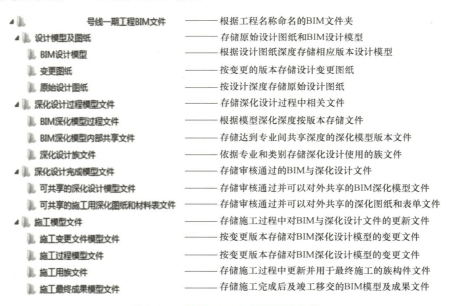

图 3.3-1　项目 BIM 文件结构划分图

BIM 模型及相关文件命名采用以下规则：工程名称（如：××地铁××号线）-(标段)项目部名称（如：1 部或 A 标）-站点名称（如：××站）-专业名称（如：机电整体模型）-

模型深度（如：设计模型）-版本（V1、V2等）其中，模型深度分为设计模型、深化设计模型、施工模型；版本按文件发布或共享次数确定。

3. 文件存储、版本和安全

项目 BIM 模型及相关文件须定期进行离线备份，备份频率不超过 2 天/次，由各项目部自行负责，模型文件按工作节点保留相应的版本并提交建设单位（或总承包管理单位）BIM 中心进行存档和备份，各项目部至少每周须保留一个相应的版本，以防止文件损坏等安全问题发生。

4. 模型相关的其他文件

模型相关的其他文件包括与模型构件有链接关系的施工照片、详图大样、设备样本等文件，须设定固定的文件路径，便于与模型参数信息相关联。

3.3.3 元素标准建立

BIM 模型元素（或元素）包括项目模型组成的各实体几何构件模型及其包含的非几何信息，其中非几何信息又包括了实体构件所处系统的信息和其自身固有的专属信息。为统一轨道交通工程各项目部 BIM 模型元素的类别和深度，提高 BIM 应用和管理效率，应遵循以下 BIM 模型元素标准：

1. BIM 模型元素的分类和命名

实体几何构件元素的分类和命名实体几何构件元素（特别是自定义的特殊构件）应按构件所属的专业、族构件（或构件元素）类别进行分类，以便于对构件按类型进行统一的文件管理和材料统计管理，如图 3.3-2 所示，风机盘管的族构件分类及分类管理模式。

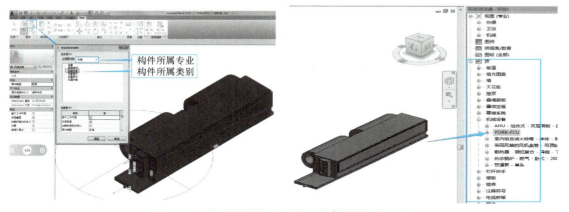

图 3.3-2 机盘管族构件分类、机盘管管理模式图

实体几何构件元素的命名应根据各类族构件的特点，通过对族构件名称和族类型名称的命名，统一各类族构件的命名的规则和表达的几何信息内容，以便于高效地对族构件模型进行查询和统计，各专业主要构件的命名见表 3.3-4。

BIM 模型元素的非几何信息包括以下两大类：

一是系统信息，按照构件元素所在专业的系统进行分类，按照系统类型对各系统进行命名，系统类型应按其上一级类别"系统分类"合理划分，"系统名称"应在"系统类型"的基础上按系统功能命名，其中系统中的参数信息（如：缩写代号、流量、速度等）按系

各专业主要构件的命名示例表　　　　　　　　　表 3.3-4

专业	构件	族名称命名规则	族类型命名规则	样例
土建	墙体	系统族不可自定义,按其特征选择族名称	按照墙体的结构用途、尺寸规格和使用材料命名	基本墙-(结构墙-300mm 混凝土)
	楼板	系统族不可自定义,按预设选择族名称	按照楼板的结构用途和尺寸规格命名	楼板-(结构楼板-150mm)
	柱	按柱结构特征命名	按照柱设计类型名称和尺寸规格命名	混凝土矩形柱-KZ1（1300*800）
	梁	按梁结构特征命名	按照梁设计类型名称和尺寸规格命名	混凝土矩形梁-DKL1（1200*1300）
	门	按门用途和特征命名	按照门的设计型号命名	进风机密闭门-JFJM3040 单扇门
	窗	按窗用途和特征命名	按设计类型命名	推拉窗-FC3501
	楼梯	系统族按结构特征选择预设类型	按楼梯结构尺寸命名	组合楼梯 2000mm 宽-踏步高 150mm,踏步宽 300mm
机电	风管	系统族不可自定义,按照风管外形选择	按材料类型命名	矩形风管-镀锌钢板
	风管管件	按照管件类型和特征命名	按其几何构造命名	(矩形弯头-弧形-法兰)-1.5W
	风管附件	按照附件名称和特征命名	按其几何尺寸命名	(蝶阀-圆形-手柄式)-D500
	机械设备	按照设备类型和主要特征命名	按主要规格特征命名	（螺杆式冷水机组-水冷式)-1020kW
	水管	系统族不可自定义,按照预设选择	按照管道材质和连接方式命名	管道类型-(镀锌钢管-丝接)
	水管管件	按管件类型和连接方式命名	按材料类型选择命名	(顺水三通-承插)-PVC
	水管附件	按照附件名称和主要特征命名	按型号类型和尺寸规格命名	(闸阀-Z41 型-明杆楔式单闸阀-法兰式)-Z41T-10-100mm
	电缆桥架	系统族不可自定义,按桥架类型选用	按系统类型和桥架类型命名	带配件的电缆桥架(TX-FAS 槽式电缆桥架)
	电缆桥架配件	按配件类型名称命名	按系统类型和桥架类型命名	槽式电缆桥架水平三通-TX-FAS 槽式电缆桥架水平三通
	其他构件装置	按构件特征命名	按构件特征命名	参考以上类似构件命名
装修	幕墙	系统族不可自定义,按预设的目前命名	按功能用途命名	幕墙-垂直电梯玻璃幕墙
	天花板	系统族不可自定义,按系统预设类型选择	按规格尺寸和材料类型命名	复合天花板—600mm*600mm 石膏板
	地板砖	按材料特点命名	按规格尺寸和功能特点命名	陶瓷板-防滑地砖 600mm*600mm
	饰面干挂	按材料种类命名	按规格尺寸和颜色特点命名	金属板干挂-铝板 1200mm*600mm 灰色
	栏杆扶手	按材料种类命名	按功能特点命名	不锈钢栏杆扶手-分区栏杆

统预设进行命名。机电系统材质信息按系统类型进行分类，命名依据系统类型的名称命名，如图 3.3-3 所示。

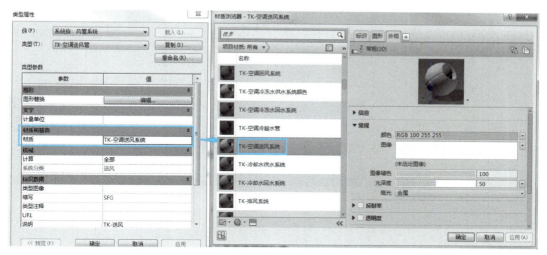

图 3.3-3　通风空调系统类型名称命名示意图

二是专属信息，BIM 模型元素的专属信息包括构件的制造商信息、运转重量、标识信息和链接地址等信息，根据构件的实际需要按实例和类型属性定义参数信息分类，并按所需设定的信息名称设定参数信息名称，如图 3.3-4 所示。

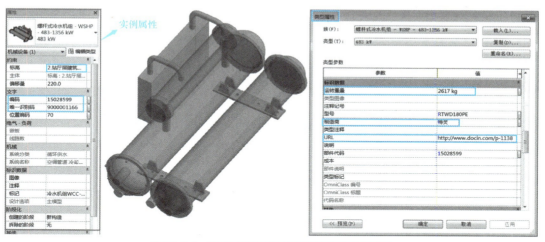

图 3.3-4　冷水机组设备参数信息设置示意图

机电系统类型示例见表 3.3-5。

2. BIM 模型元素的深度标准

根据 BIM 模型元素的组成内容，通过对模型构件中的几何信息参数、系统信息参数和专属信息参数提出不同深度的要求，在不同阶段要达到等级对应的深度要求，来满足工程各阶段对 BIM 模型的需求。

（1）模型构件深度等级描述

BIM 模型是整个 BIM 工作的基础，明确哪些构件需要建模、需要详细到何种程度可

机电各专业模型及图纸系统命名、颜色编码、图层定义对照表

表 3.3-5

专业	系统类型	代号	RGB 颜色编码	专业模型及图层示例颜色	RGB 颜色编码	综合图示例颜色	图层定义
供电系统	DZ-接触网	/	60,0,100		255,255,0		供电-接触网
	DZ-35kV 桥架	/	100,0,140		255,255,0		供电-35kV 桥架
	DZ-35kV 高压电缆明敷	/	140,0,180		255,255,0		供电-35kV 电缆
	DZ-环网电缆	/	180,0,220		255,255,0		供电-环网电缆
	DZ-400V 动力照明电缆桥架	GQJ-C	255,255,0		255,255,0		供电-400V 动力照明桥架
	DZ-1500V 直流电缆	/	255,0,255		255,255,0		供电-1500V 直流电缆
通信、综合监控系统	TX-专用通信 96 芯光缆	GL1	255,127,0		0,191,255		TX-GL1-光缆
	TX-公安通信 96 芯光缆	GL2	255,0,255		0,191,255		TX-GL2-光缆
	TX-PIS 系统 32 芯光缆	GL3	255,100,255		0,191,255		TX-GL3-光缆
	TX-隧道内 20 对电缆	DL	255,150,255		0,191,255		TX-DL-光缆
	TX-AP 供电电力电缆(3*4,3*6)	DYX	255,175,255		0,191,255		TX-DYX-光缆
	TX-吊挂 13/8 英寸漏泄同轴电缆	LCX	255,200,255		0,191,255		TX-LCX-光缆
	TX-BAS 桥架	BAS	100,0,100		0,191,255		TX-BAS 桥架
	TX-FAS 桥架	FAS	220,75,75		0,191,255		TX-FAS 桥架
	TX-GATX 桥架	GATX	0,128,128		0,191,255		TX-GATX 桥架
	TX-TX 桥架	TX	0,200,0		0,191,255		TX-TX 桥架
给水排水专业(常规机电)	GPS-压力废水管	YF	200,180,20		0,100,0		PIPE-YF-压力废水
	GPS-废水管	F	255,127,0		0,100,0		PIPE-F-废水
	GPS-通气管	T	255,255,255		0,100,0		PIPE-T-通气
	GPS-生产、生活给水管	J	0,255,0		0,100,0		PIPE-J-给水
	GPS-污水管	W	0,127,127		0,100,0		PIPE-W-污水
	GPS-压力污水管	YW	185,150,60		0,100,0		PIPE-YW-压力污水
	GPS-雨水管	Y	191,127,255		0,100,0		PIPE-Y-雨水

教学单元3 BIM应用准备

续表

专业	系统类型	代号	RGB颜色编码	专业模型及图层示例颜色	RGB颜色编码	综合图示例颜色	图层定义
给水排水专业（常规机电）	GPS-压力雨水管	YY	0,0,0		0,100,0		PIPE-YY-压力雨水
	GPS-消火栓给水	XH	255,0,0		255,0,0		FS-XH-消火栓系统
	GPS-自动喷淋系统	ZP	255,0,0		255,0,0		FS-ZP-自动喷淋系统
	GPS-气体灭火系统	QM	255,128,255		255,0,0		FS-QM-气体灭火系统
动照专业（常规机电）	强电系统 动力桥架	L	0,0,130		255,255,0		EL-TK-L-动力
	强电系统 照明桥架	N	0,0,130		255,255,0		EL-TK-N-照明
	弱电系统 弱电桥架	/	255,127,0		0,191,255		ELE-弱电
	通信系统 通信桥架	/	0,200,0		0,191,255		ELE-通信
通风空调（常规机电）	TK-新风管	XFG	0,255,0		255,100,255		DUCT-XF-新风
	TK-空调送风管	SFG	100,255,255		255,100,255		DUCT-SF-送风
	TK-排风管	PFG	220,175,10		255,100,255		DUCT-PF-排风
	TK-消防排排烟风管	PYG	255,0,0		255,100,255		DUCT-PY-排烟
	TK-排风兼排烟风管	PF/PY	255,0,0		255,100,255		DUCT-PF/PY-排风兼排烟
	TK-空调回风管	HFG	255,0,255		255,100,255		DUCT-HF-回风
	TK-回风兼排烟风管	HF/PYG	190,60,120		225,100,255		DUCT-HF/PY-回风兼排烟
	TK-加压送风管	JYSFG	0,0,255		255,100,255		DUCT-JYSF-加压送风
	TK-冷冻水供水	LD1	0,255,255		50,50,255		ACP-LDG-冷冻水供水
	TK-冷冻水回水	LD2	255,0,255		50,50,255		ACP-LDH-冷冻水回水
	TK-冷却水供水	LQ1	255,127,0		50,50,255		ACP-LQG-冷却水供水
	TK-冷却水回水	LQ2	255,150,150		50,50,255		ACP-LQH-冷却水回水
	TK-膨胀水管	PZ	0,175,80		50,50,255		ACP-P-膨胀水
	TK-多联机冷媒水管	LM	255,255,0		50,50,255		ACP-LMH-冷媒回水
	TK-空调冷凝水管	LN	0,0,255		50,50,255		ACP-LN-凝结水

以使整个BIM工作的效率得到很大提升,结合工程特点,将模型构件"几何信息"深度等级划分为五级,分别为LOD100、200、300、400、500,该五个等级的详细描述见表3.3-6。

模型构件深度等级描述表   表 3.3-6

深度等级		描述
LOD100	方案设计阶段	具备基本形状,粗略的尺寸和形状,包括非几何数据,仅线、面积、位置
LOD200	初步设计阶段	近似几何尺寸,形状和方向,能够反映物体本身大致的几何特性。主要外观尺寸不得变更,细部尺寸可调整,构件宜包含几何尺寸、材质、产品信息(如电压、功率)等
LOD300	施工图设计阶段	主要组成部分必须在几何上表述准确,能够反映物体的实际外形,保证不会在施工模拟和碰撞检查中产生错误判断,构件应包含几何尺寸、材质、产品信息(如电压、功率)等。模型包含信息量与施工图设计完成时的CAD图纸上的信息量应该保持一致
LOD400	施工阶段	详细的模型实体,最终确定模型尺寸,能够根据该模型进行构件的加工制造,构件除包括几何尺寸材质、产品信息外,还应附加模型的施工信息,包括生产、运输、安装等方面
LOD500	竣工提交阶段	除最终确定的模型尺寸外,还应包括其他竣工资料提交时所需的信息,资料应包括工艺设备的技术参数、产品说明书、运行操作手册、保养及维修手册、售后信息等

(2) 模型构件几何信息深度

模型深度等级划分及描述表构件模型"几何信息"应至少包含下表中类目,类目内容可根据需要进行延展或添加新的分项,见表3.3-7。

模型构件几何信息深度等级表   表 3.3-7

序号	信息描述	深度等级(●表示包含)				
		100	200	300	400	500
1	主要设备(冷冻机、空调机组、水箱水池、变压器等)几何尺寸、定位信息	●	●	●	●	●
2	一般设备(水泵、消火栓、空调末端、风口、风机、灯具等)几何尺寸、定位信息		●	●	●	●
3	管道、管线装置(主要阀门、计量表、消声器、开关、传感器等)几何尺寸、定位信息			●	●	●
4	细部深化模型的各构件的实际几何尺寸、准确定位信息				●	●
5	单项(特殊弱电系统等)深化设计模型			●	●	
6	开关面板、支吊架、管道连接件、阀门规格定位信息			●	●	
7	风管定制加工模型				●	
8	特殊三通、四通等构件定制加工模型、下料准确几何信息				●	
9	复杂部位管道整体定制加工模型				●	
10	根据设备采购信息的定制模型					●
11	实际完成的建筑设备、构件及配件的位置尺寸					●

(3) 模型构件的系统信息深度

模型构件中系统信息按LOD100、200、300、400、500五个等级划分,深度等级见表3.3-8。

模型构件系统信息深度等级表 表 3.3-8

序号	信息描述	深度等级（●表示包含）				
		100	200	300	400	500
1	风量、流量、制冷量、压力、扬程、设备功率、设备容量、功率因数、电流、灯具瓦数、照度等信息		●	●	●	●
2	系统材质信息			●	●	●
3	计算基础数据、图表和相关调节值信息			●	●	●
4	系统中安装方式、管道连接方式及安装方式			●	●	●
5	系统中安装高度信息（消火栓、开关、插座）			●	●	●
6	系统的防火划分等要求			●	●	●

（4）模型构件的专属信息深度

模型构件中专属信息按 LODB100、200、300、400、500 五个等级划分，深度等级见表 3.3-9。

模型构件专属信息深度等级表 表 3.3-9

序号	信息描述	深度等级（●表示包含）				
		100	200	300	400	500
1	构件、产品、材料所属制造信息			●	●	●
2	安装完成后的构件、设备信息（运维）					●
3	构件、材料质量等级、价格信息					●
4	供安装调试和运维使用的构件、设备详细信息					●

3.3.4 建模标准建立

轨道交通工程 BIM 建模建立从设计开始需要涵盖全专业的 BIM 设计模型，经过深化设计建立 BIM 深化设计模型，通过施工阶段对 BIM 模型的应用及更新最终形成 BIM 施工模型。

1. 建模规则

为提高轨道交通工程 BIM 模型的质量、管理及应用效率，结合工程特点，从建模方式和模型深化原则等方面制定统一的标准。

（1）模型基本定位原则

1）建模软件及版本：根据项目特点选定统一的软件版本，如 Autodesk Revit 2018。

2）坐标原点：项目原点坐标统一选定为首个站点小里程左线起点（如：某市轨道交通××线工程首站××站的 $X=3742.8082$，$Y=22373.5337$）为项目基点或共享场地，（北/南，东/西）坐标为（0，0），各站点原始坐标相对此坐标换算为相对距离并进行准确定位。

3）基准高程：设置各站点轨顶顶面高程为共享场地基准高程值。

4）方向角：以首站轨道方向正北为基准，其他站点参照该方向确定各自方向角度。

5）区间定位：各区间依据各站点的位置及上述定位方法进行准确定位。

（2）模型拆分原则

为提高 BIM 软硬件的工作效率、各专业间协同工作的效率和 BIM 模型统一管理、应用的效率，各项目部的模型应根据工程特点和 BIM 团队的配置特点制定相应的模型拆分方案，应满足以下基本原则：

1）建筑结构模型：各项目部所在的建筑结构模型以站房为单位建立模型文件，站房不再进行文件分割，如需多人协同工作应使用工作集方式划分区域，各轨行区模型按站点之间的区间建立模型文件。

2）机电模型：各常规机电各专业模型以站房为单位建立模型文件，站房不进行文件分割，如需多人协同工作应按专业使用工作集划分，供电、通信等系统专业模型按全线建立模型文件，不进行文件分割。

3）装饰装修模型：装饰装修工程以站房为单位建立模型文件，站房不进行文件分割，如需多人协同工作可按区域使用工作集划分任务。

（3）BIM 模型视图管理

为提高 BIM 模型审核、出图和材料统计的效率，对 BIM 模型的视图进行标准化的管理，各站房 BIM 模型应按以下规则进行视图管理：

1）建筑结构模型："楼层平面"视图应按设计图纸各层标高设置相应的楼层平面视图，为预留洞口提供图纸视图。

2）机电模型：按专业对各类视图进行设置，具体要求如下：

"楼层平面"视图应按专业进行分类保存，按各专业设计图纸设置相应的楼层平面视图，各视图应按各专业视图样板设置显示样式；对"绘图视图"应按专业设置，用于保存系统说明类文件，如目录、图例说明、系统原理图纸等，"三维视图"应按需要设置综合机电整体模型、各专业独立系统视图和关键区域局部模型等视图，如图 3.3-5 所示。

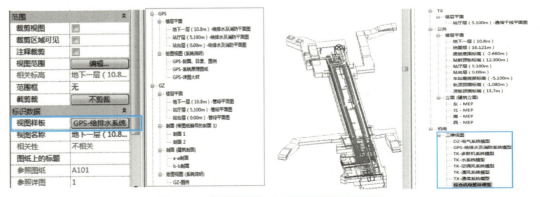

图 3.3-5　楼层平面、三维视图设置示意图

"明细表/数量"视图应按各专业构件不同类型设置相应的材料明细表，并设置相应的统计参数信息，如图 3.3-6 所示。

"图纸"视图应按设计图纸目录设置相应的图纸名称，并设置好相应的图纸图框，为出图工作做好准备，如图 3.3-7 所示。

（4）BIM 模型深化原则

为达到项目土建结构准确性、机电各系统正常运行、各专业交叉施工顺利开展和施工内容美观合理等要求，对 BIM 模型的深化设计原则做了以下统一要求：

<风管明细表>						
A	B	C	D	E	F	G
风管类型	系统类型	系统缩写	系统名称	尺寸	长度	面积
矩形风管: B补风	TK-新风管	XFG	XF 2	1000x500	28800 mm	86 m²
矩形风管: B补风	TK-新风管	XFG	XF 3	1000x500	11240 mm	34 m²
矩形风管: B补风	TK-新风管	XFG	XF 4	500x320	19730 mm	32 m²
矩形风管: B补风	TK-新风管	XFG	XF 5	800x500	8360 mm	22 m²
矩形风管: B补风	TK-新风管	XFG	XFG 1	800x500	20530 mm	53 m²
矩形风管: B补风	TK-新风管	XFG	XFG 1	1000x500	360 mm	1 m²
矩形风管: B补风	TK-新风管	XFG	XFG 1	1000x800	6100 mm	22 m²
矩形风管: HF回风	TK-排风管	PFG	PF 14	500x630	1400 mm	3 m²
矩形风管: HF回风	TK-空调回风管	HFG	HF 1	400x320	6240 mm	9 m²
矩形风管: HF回风	TK-空调回风管	HFG	HF 2	320x320	19200 mm	25 m²
矩形风管: HF回风	TK-空调回风管	HFG	HF 2	400x320	8660 mm	12 m²
矩形风管: HF回风	TK-空调回风管	HFG	HF 2	500x400	920 mm	2 m²
矩形风管: HF回风	TK-空调回风管	HFG	HF 3	800x500	41900 mm	109 m²
矩形风管: HF回风	TK-空调回风管	HFG	HF 4	400x320	22640 mm	33 m²
矩形风管: HF回风	TK-空调回风管	HFG	HF 5	400x320	5400 mm	8 m²
矩形风管: HF回风	TK-空调回风管	HFG	HF 5	500x400	27480 mm	49 m²
矩形风管: HF回风	TK-空调回风管	HFG	HF 5	630x400	13070 mm	27 m²
矩形风管: HF回风	TK-空调回风管	HFG	HF 6	400x320	31350 mm	45 m²
矩形风管: HF回风	TK-空调回风管	HFG	HF 6	400x500	3180 mm	6 m²
矩形风管: HF回风	TK-空调回风管	HFG	HF 6	500x200	2020 mm	3 m²
矩形风管: HF回风	TK-空调回风管	HFG	HF 6	630x400	4125 mm	85 m²
矩形风管: HF回风	TK-空调回风管	HFG	HF 6	630x630	10910 mm	28 m²
矩形风管: HF回风	TK-空调回风管	HFG	HF 6	800x630	6530 mm	19 m²

图 3.3-6　明细参数信息设置示意图

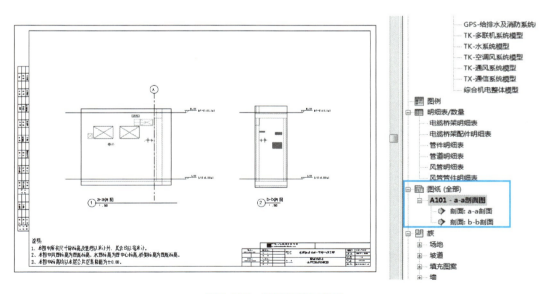

图 3.3-7　出图设置示意图

1) BIM模型深化设计内容包括设计模型建立、应用BIM设计模型进行专业协调检查、管线综合排布、综合支吊架设计、机电末端和设备的精确定位、深化设计综合图纸的生成等，最终建立无碰撞、排布合理的BIM深化设计模型。

2) 深化设计应符合各专业系统设计原意，保证各系统使用功能，并满足建筑空间的要求和建筑本身的使用功能要求。

3）各专业模型首先应检查与土建、钢结构等专业模型的碰撞，确保与主体结构模型无碰撞（可开洞的除外），再进行机电各专业间模型的碰撞检查，并确保无碰撞。

4）深化设计应充分考虑系统安装、检修和更换的要求，确定各种设备、管线、阀门和开关等的位置和距离，符合各专业的施工要求。

5）深化设计应满足各区域的设计净空要求，确保吊顶空间。无吊顶区域管线排布整齐、合理、美观。

6）机电管线穿梁、穿一次结构墙体时，必须保障结构安全，考虑所有专业的空间尺寸荷载，预留预埋件和孔洞位置。

7）管线综合协调过程中应根据实际情况综合布置，保证机电各专业有序施工，避免由于管线密集造成的施工困难。

8）综合支吊架能承受各专业管线的静荷载及动荷载，并确保简洁美观、节省材料、制作工艺简单。

9）管线综合排布遵循：大管优先，小管让大管，有压管让无压管，低压管让高压管，常温管让高温、低温管，可弯管线让不可弯管线、分支管线让主干管线，附件少的管线避让附件多的管线，电气管线避热避水等原则。

2. 模型审核流程及交付标准

模型审核主要有：设计与深化设计阶段、施工阶段、竣工交付阶段，这3个阶段的模型审核流程分别如图3.3-8~图3.3-10所示。

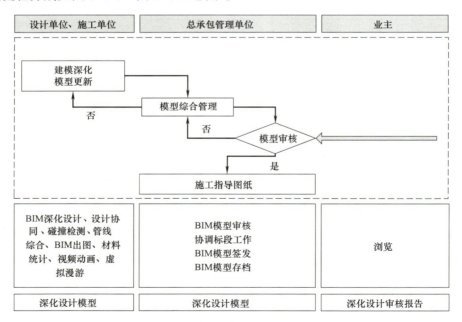

图 3.3-8　深化设计阶段 BIM 工作流程

模型交付需达到 LOD400 精度要求，并按轨道交通建设方要求对局部区域深化至 LOD500 的深度，按施工合同要求将 BIM 模型提交轨道交通集团，确保后期运维工作。

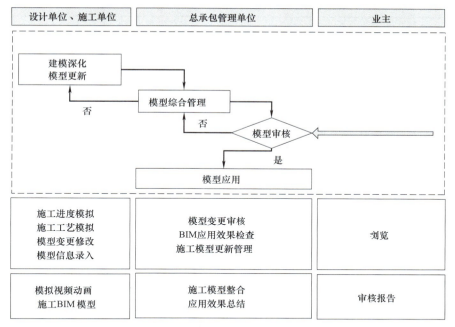

图 3.3-9 施工阶段 BIM 工作流程

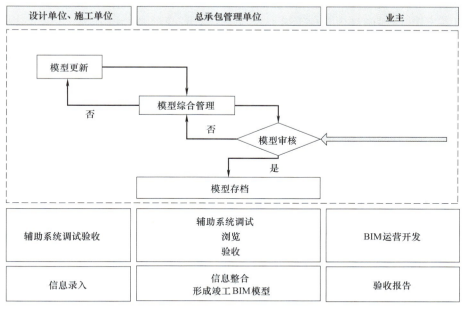

图 3.3-10 竣工验收阶段 BIM 工作流程

3.3.5 应用标准建立

BIM 应用标准是工程 BIM 模型管理的基本原则和标准,为保证项目在全生命周期中完成设计、施工一体化的 BIM 技术目标,需要制定一套适合设计、施工、运维共同遵循的技术标准,详见表 3.3-10。

项目 BIM 应用标准内容　　　　　　　　　　表 3.3-10

序号	标准类别		具体内容及要求
1	BIM 管理标准		确定项目组织架构及职责划分、实施流程、沟通方式、沟通周期、创优及奖惩办法等
2	BIM 模型标准	技术平台要求	确定 BIM 应用软件平台、数据交换格式及要求、软件整合平台、工程协同设计要求等，保证 BIM 模型在各参与方之间流转的标准性，为项目应用提供基础工作
3		精细度要求	在项目全生命周期不同阶段，依据 BIM 模型表现的信息和形式，设定 BIM 模型呈现的内容、方式、深度和信息等。在工程信息的完整性的前提下，保证模型的轻量化
4		模型搭建、存储要求	对项目模型拆分与整合、模型文件命名、模型表达、项目文件准备、模型创建、模型检查、模型存储等进行规范
5		成果交付要求	依据项目目标，在项目启动时明确 BIM 应用交付形式、内容及方法，确保 BIM 技术成果可控
6	项目实施标准		在全生命周期过程中对设计和施工实施过程进行质量、进度控制，借助 BIM 技术分析设计、施工方案的可行性
7	运维使用标准		制定项目系统的知识库和日常物业管理标准。满足物业日常维护内容和维护记录日志，并对操作设备时遇到的问题提供查询支持
8	数据管理平台		建立项目级的统一数据管理平台，要求项目所有参与方按统一的 BIM 数据传递口径和 BIM 数据协同平台下达的入口进行 BIM 工作，实现 BIM 数据的统一收集归口、存储管理、问题发现、协同共享、协调工作，保证对问题进行全过程跟踪，有效反馈及统计等

3.4　BIM 信息化管理平台

项目基于 BIM 的信息化管理平台，是一个具有较强信息存储能力、项目各参与方通过数据接口将各自的模型信息输入到协同平台中进行集中管理的一个信息化工作平台，主要内容涉及施工阶段的 5 个重要元素：施工人员管理、施工机具管理、施工材料管理、施工工法管理和施工环境管理，而工作平台的实施需要考虑平台技术框架（技术路线）、功能及开发 3 大关键要素。

3.4.1　协同平台的框架

项目信息管理平台应具备大众浏览操作，如图形显示编辑平台、各专业深化设计、施工模拟平台等，其核心是对建筑信息、管理信息进行提取、分析与展示；同时还应具备建筑工程数据库管理功能、信息存储和信息分析功能，如 BIM 数据库、相关规则等。其目的一是保证建筑信息的关键部分表达的准确性、合理性，将建筑的关键信息进行有效提取；二是结合科研成果，将总结的信息准确地用于工程分析，并向用户对象提出合理建议；三是具有自学习功能，即通过用户输入的信息学习新的案例并进行信息提取。BIM 总体技术路线首先考虑施工管控平台应用层的多项目（项目集群）管理应用和项目级应用，再进行施工管控平台层的应用开发，如图 3.4-1 所示。

基于 BIM 的项目信息管理平台框架由数据层、图形层及专业层构成，从而真正实现建筑信息的共享与转换，使得各专业人员可以得到自己所需的建筑信息，并利用其图形编辑平台等工具进行规划、设计、施工、运营维护等专业工作。

3.4.2　协同平台的功能

为了保证各专业内和专业之间信息模型的无缝衔接和及时沟通，项目统一的协同平台

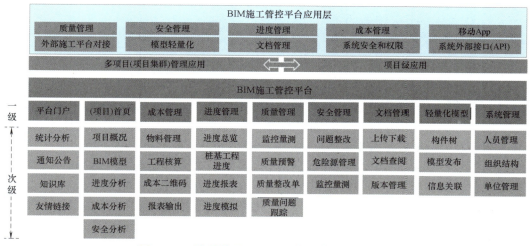

图 3.4-1　某地铁项目 BIM 平台总体技术路线图

具有以下几种功能：

1. 建筑模型信息存储功能

建筑领域中各部门各专业设计人员协同工作的基础是建筑信息模型的共享与转换，也是 BIM 技术实现的核心基础。目前在建筑领域中，大部分建筑信息模型的存储形式仍为文件存储，这样的存储形式对于处理包含大量数据且改动频繁的建筑信息模型效率是十分低下的，更难以对多个项目的工程信息进行集中存储。而在当前信息技术的应用中，以数据库存储技术的发展最为成熟、应用最为广泛，具有存储容量大、信息输入输出和查询效率高、易于共享等优点，所以协同平台采用数据库对建筑信息模型进行存储，从而可以解决上文所述的当前 BIM 技术发展所存在的问题。

2. 图形编辑功能

在基于 BIM 技术的协同平台上，各个专业的设计人员需要对 BIM 数据库中的建筑信息模型进行编辑、转换、共享等操作。在 BIM 数据库的基础上，构建图形编辑平台，可以对 BIM 数据库中的建筑信息模型进行更直观地显示，专业设计人员可以通过它对 BIM 数据库内的建筑信息模型进行相应的操作。对于轨道交通工程，将城市建筑信息模型的 BIM 数据库与 GIS（Geographic Information System，地理信息系统）、交通信息等相结合，利用图形编辑平台进行显示，可以实现真正意义上的数字化城市轨道交通建设。

3. 兼容多种类软件功能

轨道交通工程是一个包含多个专业的综合项目，如设计阶段，需要建筑师、结构工程师、暖通工程师、电气工程师、给水排水工程师等多个专业的设计人员进行协同工作，需要用到大量的设计、分析软件，如结构性能计算软件、照度分析软件等，在 BIM 协同平台中，需兼容各专业应用软件以便于各专业设计人员对各专业的精确设计和计算。

4. 人员管理功能

由于在建筑全生命周期过程中涉及多专业设计、施工人员参与，如何能够有效地管理是至关重要的。通过平台的权限分配，对各个专业的设计及施工进行有效管理，对项目建设期各项流程、信息传输内容进行合理地分配，人员高效地建设项目。

3.4.3 平台开发与测试

BIM 服务器平台是软件系统的基础架构平台,目前在基础设施项目领域比较主流的软件平台是基于 EDM Model Sever、IFC Model Sever、Eurostep Model Sever 和 BIMServer.org 等以 BIM 数据为项目平台数据交换和集成为核心的应用平台,是 BIM 软件制造商或研究单位自行开发的 BIM 服务器,如 Autodesk360、Bentley Project Wise 及广联达等,除 BIMServer.org 外,其他 BIM 服务器平台均不开放源代码或二次开发 API,且造价昂贵,项目过度依赖商业软件容易造成应用局限。

以 BIMServer.org 为例,开发者以 BIMServer.org 或第三方公司开发的服务器平台为基础,在其基本界面和功能的基础上,按照项目需求进行 BIM 工具软件功能开发测试,为 BIM 技术的信息化、持续化和深度应用提供保障。如图 3.4-2 所示,某地铁项目施工管理平台中进度管理模块,其建立的内容与使用功能是根据施工方的管理特点和需求进行开发,各模块的使用方式按照项目特点进行设定。

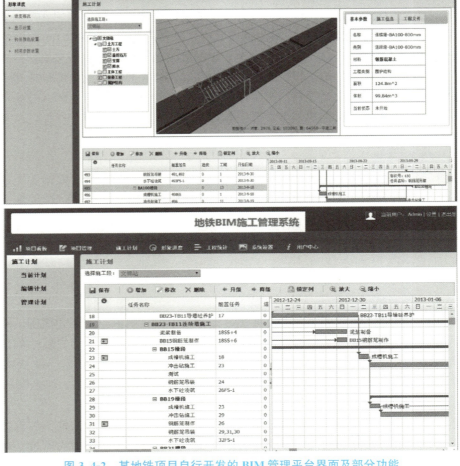

图 3.4-2 某地铁项目自行开发的 BIM 管理平台界面及部分功能

思考与练习题

一、填空题

1. 在轨道交通工程项目建设过程中，发掘 BIM 技术应用在不同阶段的价值，覆盖项目_____是 BIM 应用实施的最终目的。
2. _____是 BIM 实施的基本保障，包括各类资源如软件资源、硬件资源、BIM 协同实施网络资源及信息化服务平台资源。
3. 轨道交通地铁项目 BIM 目标设立时，应重点关注_____目标。
4. 轨道交通工程需制定 BIM 模型标准，将_____标准化规定。
5. BIM 模型元素（或元素）的非几何信息包括了_____和_____。
6. 项目信息管理平台应具备_____功能。

二、单项选择题

1. BIM 技术在城市轨道交通工程的应用达到（　　）状态，即在设计、施工及运维过程中更加及时、灵活、准确地获得工程信息。
   A. 信息化　　　　B. 智能化　　　　C. 虚拟化　　　　D. 智慧化
2. 在城市轨道交通工程项目管理过程中，确定 BIM 应用目标，制定 BIM 实施大纲的是（　　）。
   A. 项目公司　　　B. 设计单位　　　C. 总承包管理单位　D. 运营单位
3. 根据 BIM 模型标准，模型构建深度等级描述中，施工阶段模型深度等级须达到（　　）深度等级。
   A. LOD200　　　B. LOD300　　　C. LOD400　　　D. LOD500
4. （　　）是工程 BIM 模型管理的基本原则和标准。
   A. BIM 模型　　　　　　　　　B. BIM 应用标准
   C. BIM 文件族　　　　　　　　D. BIM 应用方案
5. 在 BIM 数据库的基础上，（　　），可以对模型进行更直观地显示，专业设计人员可以通过它对 BIM 数据库内的建筑信息模型进行相应的操作。
   A. 进行模型建立　　　　　　　B. 深化模型碰撞检查
   C. 构建图形编辑平台　　　　　D. 完善工程量清单

三、多项选择题

1. 以下（　　）是 BIM 实施总体规划应用中的实施内容。
   A. 性能及力学分析　　　　　　B. 施工进度管理
   C. 数字化加工　　　　　　　　D. 可视化建造
   E. 智慧化运维
2. 以下（　　）是轨道交通工程 BIM 技术应用过程中与项目建设相关的目标及内容。

A. 验证某项 BIM 创新应用　　B. 优化设计方案
C. 施工进度控制　　　　　　D. 提高项目管理能力
E. 形成构件库

3. 依据 BIM 模型在不同阶段及各参与方对文件交换的需求，可分为（　　）文件夹结构，分别存储不同阶段的文件，以便于更规范地管理项目文件，并提高信息沟通效率。

A. 原始设计文件　　　　　　B. 深化设计文件
C. 设计蓝图文件　　　　　　D. 施工应用文件
E. 竣工验收文件

4. BIM 信息化管理平台的实施需要考虑（　　）等要素。

A. 技术路线　　　B. 成本　　　C. 功能　　　D. 效益
E. 开发

5. 基于 BIM 的协同平台有（　　）。

A. 建筑模型搭建功能　　　　B. 建筑模型信息存储功能
C. 图形编辑功能　　　　　　D. 兼容多种类软件功能
E. 人员管理功能

四、问答题

1. 基于 BIM 技术的管理模式其核心是什么？
2. 简述 BIM 协同的目标价值。
3. 轨道交通工程项目建立 BIM 模型标准的目的是什么？
4. 基于 BIM 的项目信息管理平台的主要功能目的是什么？

教学单元 4
BIM 在设计阶段的应用

【知识目标】

通过本单元教学，应了解 BIM 技术在轨道交通项目设计阶段的具体应用，了解 BIM 技术在方案设计、初步设计、施工图设计及深化设计中的主要应用内容，理解轨道交通项目各设计阶段 BIM 技术的应用价值体现，掌握 BIM 在轨道交通项目设计阶段的方案设计、工程设计概算编制、正向设计、设计成果输出、深化设计等具体应用的内容。

【能力目标】

具备对轨道交通项目的设计需求分析、项目功能评价和确定的能力；

具备分析项目初步设计需求，进行 BIM 技术在初步设计建筑结构施工图的性能分析、机电专业的碰撞检查和专业协调能力；

能编制基于 BIM 技术的施工图设计成果交付方案，并组织进行施工图交付；

能具体进行基于 BIM 技术的土建、机电及装饰专业的深化设计，验证施工图设计正确性、准确性，并以可视化的方式对施工图进行设计优化；

具备利用 BIM 技术根据施工组织设计文件将工序安排、资源组织、场地布置、施工进度等信息与模型关联，进行相应的可视化模拟能力。

【思维导图】

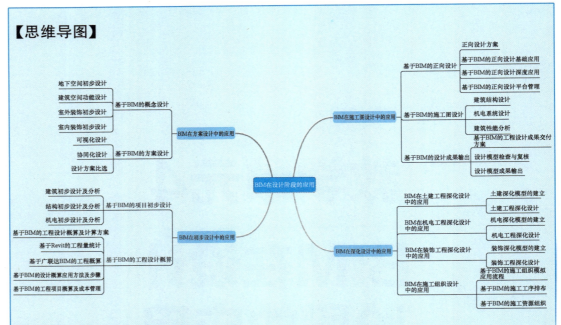

【思政导学】

本教学单元内容在讲解有关 BIM 设计阶段的应用知识时，将 BIM 技术在国家建设中起到的巨大作用和优势依托"广州轨道交通十一号线的建设进行数字化管理"视频融入教学过程中，促使学生了解 BIM 技术在当今城市轨道交通建设行业的重要作用，包括施工组织情况进行模拟、必要的力学分析计算、施工方案的优化等。让学生明白在现代科技飞速发展的今天，只有不断地学习和增强自我能力，才能为国家和社会创造出更大的价值，为早日实现"中国梦"的伟大目标贡献出自己的一份力量，以此来培养学生爱国情怀，增强民族自信心，促使其产生良好的学习热情。

乘坐轨道交通，奔向"中国梦"

4.1　BIM 在方案设计中的应用

方案设计主要是从建筑项目的需求出发，根据建筑项目的设计条件，研究分析满足建筑功能和性能的总体方案，并对建筑的总体方案进行初步的评价、优化和确定。轨道交通地铁工程基于 BIM 的方案设计是指从项目需求出发，根据不同站点的位置、周边环境和商业需求进行设计意图的粗略表达，该阶段是利用 BIM 技术分析项目的设计概念和项目实施的可行性，也可对项目实施规划及方案进行初步验证，以达到细化设计意图，指导初步设计的目的。

4.1.1　基于 BIM 的概念设计

在概念设计阶段，采用 BIM 软件对项目方案进行快速建模，利用模型的可视化、协同化和参数化的特性，各专业设计思路的快速精确表达，同时各领域工程师无障碍信息交流与传递,从而实现初期设计信息管理的可视化和协同化。设计方案会审阶段,在因功能、需求等原因产生设计意图改变时,基于原始模型的参数化操作可快速实现设计成果的更改,从而大大提高方案设计阶段的设计工作效率。

BIM 技术在概念设计中的应用主要体现在地下空间形式思考、车站服务功能性规划、饰面装饰及材料运用、室内装饰色彩选择等方面。为了更好地进行概念设计阶段的项目管理,设计人员采用 BIM 技术进行设计可便于设计成果的检查和控制。

1. 地下空间初步设计

城市地下空间规划时,设计师按照"集约高效、公共优先、统筹协调、适度超前、政府引导"的原则,通过对中心城区地质概况、现状建设及相关法规的研究,梳理各项规划的相关要求,利用总平面图与单体 BIM 三维模型综合规划设计,从"竖向分层引导、用地分类控制"理念进行总体管控,如图 4.1-1 所示,某市综合枢纽区域地下空间基于 BIM 的整体规划,可对地下公共通行系统中交通、市政、人防、商业、文化及周边配套等地下公共设施进行直观表达,并提出具体的布局方案及建设要求。

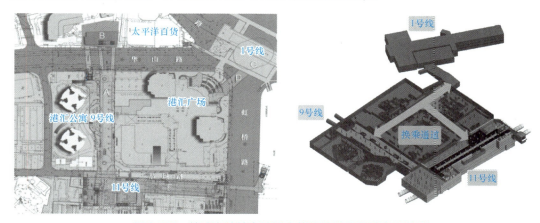

图 4.1-1　某城市地铁车站综合枢纽地下空间概念设计图

2. 建筑空间功能设计

空间功能设计是对建筑物内外各空间组成和功能合理性的分析与规划,是对各空间的相互关系、人流量的大小、空间地位的主次、私密性的比较及相对空间的动静研究。基于 BIM 技术的车站内部空间规划模拟,在符合建筑设计功能性和设计规范要求的基础上,可视化模型可帮助设计师更好地分析、改进完善其空间功能,验证是否合理,在平面布置上更有效、合理地使其空间的实用性得到发挥。在轨道交通项目中,建筑空间功能设计主要是对地铁车站站厅层、站台层和站内商业区等乘客密集区域,及综合监控车控室和关键设备房等运营作业人员工作场所的空间合理性布置,如图 4.1-2 所示。

3. 室外装饰初步设计

由于城市轨道交通不同车站的命名及装修风格主要是依据站点所处地理区域背景进行表达,利用不同地区的元素得以体现,BIM 技术可在区域文化的表达上对设计概念以及概念发散所产生的"形"进行分解,对材料的选择能准确地表达设计概念,选择具有人性化的带有民族风格的天然材料还是选择高科技的、现代感强烈的饰材都由不同的设计概念而决定。如图 4.1-3 所示,某车站位于城市科技文化中心,在科技中心的地铁车站出入口

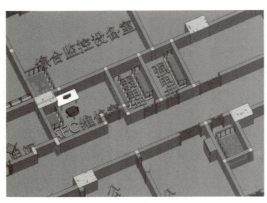 

图 4.1-2　某地铁线路空间概念设计图

采用以"科技"作为元素进行设计理念的表达,基于 BIM 技术的装饰理念的表达,对模型进行外部材质选择和渲染,对建筑周边环境景观进行模拟,从而帮助建筑师能够置身高度仿真的整体模型中对饰面装修设计方案进行体验和修改。

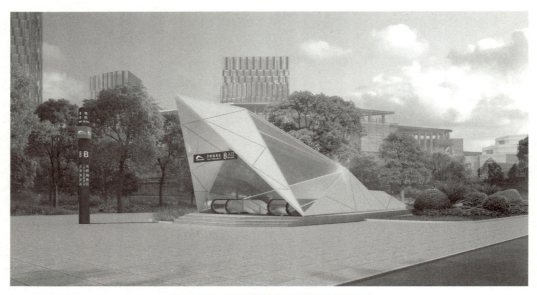

图 4.1-3　地铁车站出入口概念设计图

4. 室内装饰初步设计

车站装饰色彩的选择往往决定了整个室内空间的气氛,同时也是表达设计概念的重要组成部分,在室内设计中设计的概念既是设计思维的演变过程也是设计得出所能表达概念的结果。如图 4.1-4 所示,某地铁车站站厅层公共区域基于 BIM 技术,对建筑模型进行高度仿真性内部渲染,包括室内材质、颜色、质感及设备的选择和布置,从而有利于建筑设计师更好地选择和优化室内装饰初步方案。

4.1.2　基于 BIM 的方案设计

方案设计阶段的 BIM 应用主要是利用 BIM 技术对项目的设计方案进行数字化仿真模

教学单元4　BIM在设计阶段的应用

图 4.1-4　地铁车站站厅层室内概念设计图

拟表达以及对其可行性进行验证，对下一步深化工作进行推导和方案细化。利用 BIM 软件对建筑项目所处的场地环境进行必要的分析，如坡度、坡向、高程、纵横断面、填挖量、等高线、流域等，作为方案设计的依据。进一步利用 BIM 软件建立建筑模型，输入场地环境相应的信息，进而对建筑物的物理环境（如气候、风速、地表热辐射、采光、通风等）、出入口、人车流动、结构、节能排放等方面进行模拟分析，选择最优的工程设计方案。

1. 可视化设计

模型的可视化设计，是任意变换角度进行全方位观察，全面把握建筑整体效果，进行局部观察、细部推敲，随意切出剖面图以及剖透视图，进行平面、立面、剖面检查，优化空间布局，以避免构件冲突等设计问题。对建筑整体或局部进行多个方案设计并进行对比分析，综合优选设计方案，从而实现三维空间的设计构思、平面设计与造型设计互相结合，同步进行，实时修改，以整体性设计思维对待建筑的平面和造型设计，准确表达设计理念。如图 4.1-5 所示，Revit 的三维设计功能、参数化的构件族以及构件管理能力提高了建模效率。

同时，利用模型，BIM 软件也便捷地进行相关的建筑设计指标分析，如：输出平面、立面、面等视图，自动生成统计房间面积、工程量等，为设计成果表达、设计决策提供有力支撑。近年来，随着可视化的深度应用，通过漫游、动画和虚拟现实（VR）等形式展现身临其境的视觉、空间感受，渲染与虚拟漫游增强了建筑艺术表达效果，丰富了沉浸式三维体验，可实现全方位的设计展示，实时输出 3D 渲染图像、动画视频等功能，为建筑效果表现、成果展示、沟通交流、交互体验提供了新的技术手段。

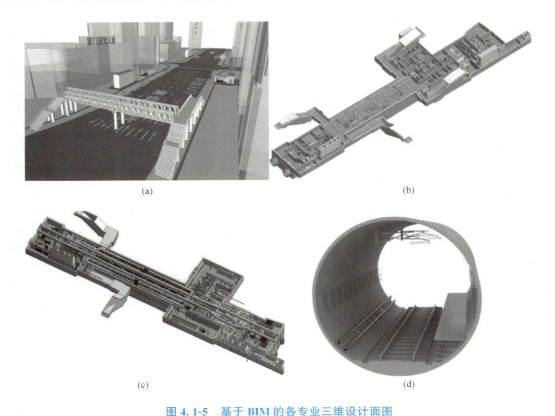

图 4.1-5　基于 BIM 的各专业三维设计面图

(a) 车站位置规划设计；(b) 车站土建结构三维设计模型；(c) 车站机电三维设计模型；
(d) 轨行区三维设计模型

常用的漫游软件有：Revit、Navisworks、Tekla、Rhino、3ds Max、SketchUp、Fuzor 等。如图 4.1-6 所示，将模型导入相应软件进行渲染和动画制作，对模型构件赋予材质纹理，进行光影效果、配景、环境、漫游路径等设置，漫游视点和路径应反映设计方案的整体布局、主要空间布置、重要场所等重点内容，以呈现设计表达意图，设置文件格式、像素、总帧数、帧速等参数，输出符合要求的渲染、漫游动画成果文件。

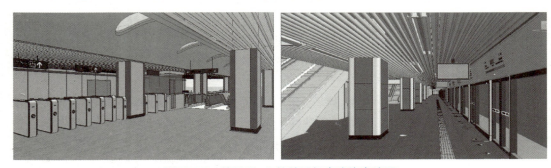

图 4.1-6　基于 Revit 的效果初步渲染表达图

2. 协同化设计

协同化设计包含各设计院之间的设计协同、设计院内单专业协同以及多专业协同，利用 BIM 设计模型进行设计信息集中统一管理、整合，多团队跨时空协同作业，实时进行信息沟通，及时有效地规避设计冲突，可显著提升跨部门、跨区域的设计工作效率。

如图 4.1-7 所示，基于项目统一云端服务器的设计协同，是以互联网为基础实现多地区多单位之间的设计协同。如图 4.1-8 所示，是在单个设计院内部协同设计过程，服务器端的中心文件与每个客户端的本地文件实时保持数据更新，成员之间依据专业分工、权限设置以及工作共享进行高效的协同工作，工作过程中其他专业模型和以中心文件形式工作共享，并以此开展多专业模型整合进行碰撞检查，各专业工程师之间通过实时共享设计信息，及时同步项目文件，准确便捷地进行设计管理，有效地解决传统设计流程中工程信息交互滞后及成员沟通协调不畅的问题。

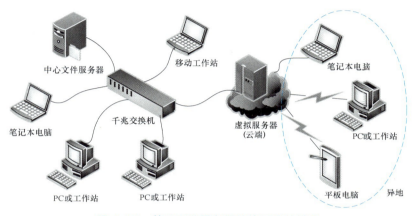

图 4.1-7　基于云端服务器的协同设计模式

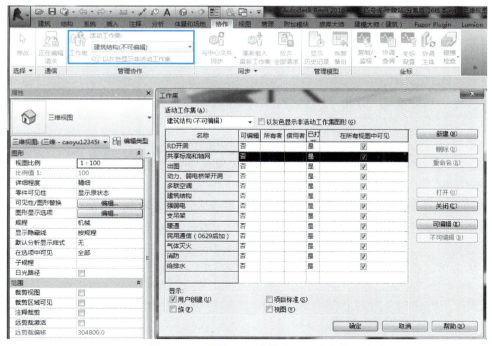

图 4.1-8　基于 Revit 的协同设计模式及工作集协同方式图

3. 设计方案比选

设计方案比选的主要目的是选出最佳的设计方案，为初步设计阶段提供对应的设计方案模型。通过构建或局部调整方式，形成多个备选的设计方案模型（包括建筑功能、结构规划、设备配置），进行比选，使项目方案的沟通讨论和决策在可视化的三维仿真场景下进行，实现项目设计方案决策的直观和高效。

设计方案比选 BIM 应用操作流程如图 4.1-9 所示，准备前期的方案设计模型数据和方案设计背景资料（包括设计条件，效果图，设计说明等），并确保数据的准确性。建立方案设计信息模型，检查多个备选方案模型的可行性、功能性和美观性等，通过比选形成相应的方案比选报告，选择最优的设计方案，最终形成设计方案模型。

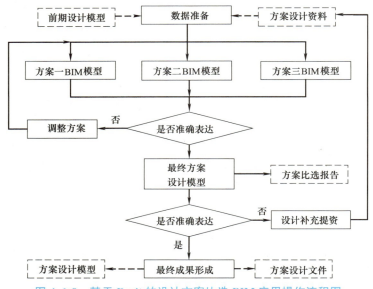

图 4.1-9　基于 Revit 的设计方案比选 BIM 应用操作流程图

4.2　BIM 在初步设计中的应用

初步设计阶段是介于方案设计和施工图设计之间的过程，是对方案设计进行细化的阶段。在本阶段，深化结构建模设计和分析核查，推敲完善方案设计模型。应用 BIM 软件，对专业间平面、立面、剖面位置进行一致性检查，将修正后的模型进行剖切，生成平面、立面、剖面，形成初步设计阶段的建筑、结构模型和二维设计图。BIM 技术在初步设计中的应用主要体现在优化设计布局、功能性设计、确认主体建筑结构、机电系统的方案细化、综合检查、多专业空间布置等，同时，也可辅助进行工程概算的编制，控制投资目标成本，本节主要讲述 BIM 技术在机电工程初步设计中在初步优化和设计概算编制方面的应用。

4.2.1　基于 BIM 的项目初步设计

在工程初步设计过程中，从经济、实用、施工便捷、质量、安全等多方面进行精细化考虑，在满足各种约束的条件下，寻求最优的设计方案，从而提升经济技术性能，主要体现在对建筑结构施工图的性能分析和对机电专业的碰撞检查和专业协调。

1. 建筑初步设计及分析

建筑初步设计及分析是对建筑性能的模拟，是在建立数学物理方程的基础上，针对几何对象的物理过程在时间和空间上求其数值解的过程。通过建立模拟分析模型，设置分析参数和边界条件，求解各类性能指标在空间、时间上的分布函数，得出物理变化过程的图表、影像，如气流运动、光照变化、离子扩散、声音传播、人群集散、能源消耗等的云图、统计表和动画。

基于 BIM 的建筑性能初步模拟，可评估建筑群、建筑单体及建筑内部的性能状况，验证工程方案的实际使用性能，为最大限度地优化建筑性能、设计调整提供依据，消除建筑性能不利因素，充分利用自然能源，降低建筑能耗，提供环境友好、舒适的建筑空间。

2. 结构初步设计及分析

基于 BIM 的结构初步设计及分析是在方案设计阶段的结构设计工作，依据建筑设计方案创建结构模型，进行多专业协同工作，实时进行专业协调，解决碰撞、冲突问题，前置结构计算分析、施工图纸编制等工作。结构设计 BIM 模型与结构专业分析软件之间进行信息数据交换和共享，提高了结构分析效率，降低了结构分析参数的重复录入。同时，结构分析结果逆向返回至 BIM 模型，驱动结构模型信息完善和设计方案优化，确保结构设计的安全、经济、可靠。如图 4.2-1 所示，为地铁区间明挖、盾构及高架不同断面结构的初步设计及分析。

图 4.2-1 明挖、盾构及高架结构初步设计及分析

3. 机电初步设计及设计校核

机电初步设计是设计校核、碰撞检查和专业协调的过程，通过设计校核与碰撞检查可以及时有效地沟通，制约、平衡各专业设计，不断进行设计同步更新、碰撞检查、多专业综合协调、解决设计冲突进而达到设计优化，有效避免施工阶段各专业间碰撞冲突而造成返工，缩短项目建设周期，降低建设成本。机电工程碰撞检查流程如图 4.2-2 所示，首先收集碰撞检查和专业协调所需基础数据，并选定碰撞检查和专业协调软件，创建各专业 BIM 设计模型，并进行模型整合，将整合后的模型导入碰撞检查软件，进行碰撞参数设置，选择相关专业图元或构件运行碰撞检查，最终输出碰撞检查报告。根据碰撞的位置类型、构件 ID 号等进行专业协调和提供设计后续所需资料，明确调整方案后进行设计模型更新修正，归档修正后模型及碰撞检查报告（含碰撞解决方案）。管线综合设计校核、碰

撞检查和专业协调处理如图 4.2-3 所示,初步设计碰撞检查报告图 4.2-4 所示。

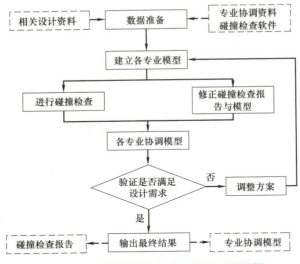

图 4.2-2 碰撞检查和专业协调处理流程图

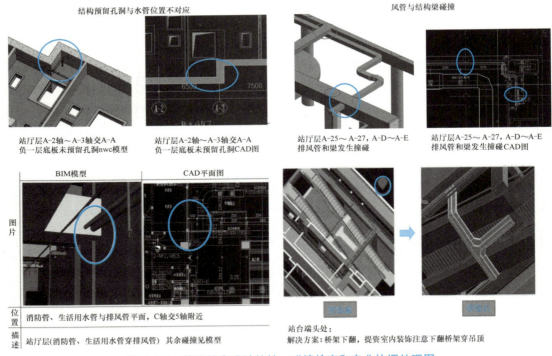

图 4.2-3 管线综合设计校核、碰撞检查和专业协调处理图

4.2.2 基于 BIM 的工程设计概算

项目设计概算是指在初步设计阶段,根据设计图纸、概算定额、费用定额、设备和材料预算价格、工资标准等资料编制的比较技术经济文件,主要包含编制单位工程分部分项

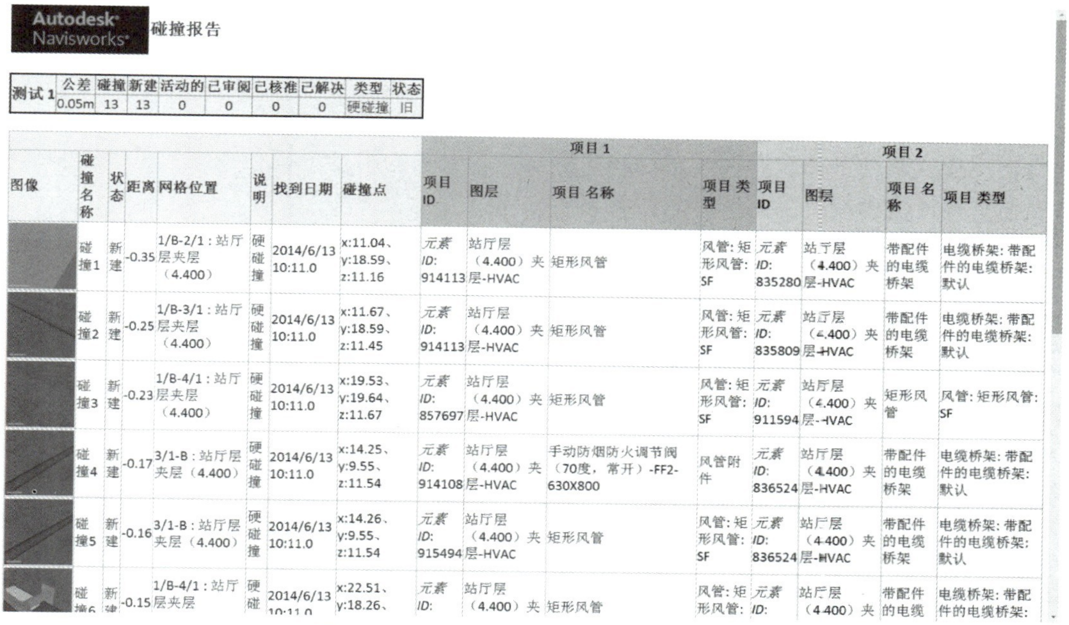

Autodesk Navisworks 碰撞报告

测试 1	公差	碰撞	新建	活动的	已审阅	已核准	已解决	类型	状态
	0.05m	13	13	0	0	0	0	硬碰撞	旧

图像	碰撞名称	状态	距离	网格位置	说明	找到日期	碰撞点	项目 1				项目 2			
								项目 ID	图层	项目 名称	项目 类型	项目 ID	图层	项目 名称	项目 类型
	碰撞1	新建	-0.35	1/B-2/1：站厅层夹层（4.400）	硬碰撞	2014/6/13 10:11.0	x:11.04、y:18.59、z:11.16	元素 ID: 914113	站厅层（4.400）夹层-HVAC	矩形风管	风管：矩形风管：SF	元素 ID: 835280	站亍层（4.400）夹层-HVAC	带配件的电缆桥架	电缆桥架：带配件的电缆桥架：默认
	碰撞2	新建	-0.25	1/B-3/1：站厅层夹层（4.400）	硬碰撞	2014/6/13 10:11.0	x:11.67、y:18.59、z:11.45	元素 ID: 914113	站厅层（4.400）夹层-HVAC	矩形风管	风管：矩形风管：SF	元素 ID: 835809	站厅层（4.400）夹层-HVAC	带配件的电缆桥架	电缆桥架：带配件的电缆桥架：默认
	碰撞3	新建	-0.23	1/B-4/1：站厅层夹层（4.400）	硬碰撞	2014/6/13 10:11.0	x:19.53、y:19.64、z:11.67	元素 ID: 857697	站厅层（4.400）夹层-HVAC	矩形风管	风管：矩形风管：SF	元素 ID: 911594	站厅层（4.400）夹层-HVAC	矩形风管	风管：矩形风管：SF
	碰撞4	新建	-0.17	3/1-B：站厅层夹层（4.400）	硬碰撞	2014/6/13 10:11.0	x:14.25、y:9.55、z:11.54	元素 ID: 914108	站厅层（4.400）夹层-HVAC	手动防烟防火调节阀（70度，常开）-FF2-630X800	风管附件	元素 ID: 836524	站厅层（4.400）夹层-HVAC	带配件的电缆桥架	电缆桥架：带配件的电缆桥架：默认
	碰撞5	新建	-0.16	3/1-B：站厅层夹层（4.400）	硬碰撞	2014/6/13 10:11.0	x:14.26、y:9.55、z:11.54	元素 ID: 915494	站厅层（4.400）夹层-HVAC	矩形风管	风管：矩形风管：SF	元素 ID: 836524	站厅层（4.400）夹层-HVAC	带配件的电缆桥架	电缆桥架：带配件的电缆桥架：默认
	碰撞6	新建	-0.15	1/B-4/1：站厅层夹层	硬碰	2014/6/13 10:11.0	x:22.51、y:18.26、	元素 ID:	站厅层（4.400）夹	矩形风管	风管：矩形风管：	元素 ID:	站厅层（4.400）夹	带配件的电缆	电缆桥架：带配件的电缆桥架：

图 4.2-4 某车站初步设计碰撞检查报告

工程量清单计价、编制措施项目清单计价、编制其他项目清单计价、查看单位工程费用汇总、查看报表、生成电子标书等功能。

1. 基于 BIM 的工程设计概算及计算方案

工程设计概算是通过测算与控制前期的投资，有效地实现限额设计与方案优化，并为施工图设计阶段的各材料规格确定、设备方案选型提供经济数据支持的过程。但传统的设计概算工作方式限于计算工具和技术的局限性以及设计变更不能及时反馈，存在进度失控、精度失准等难题，严重影响设计概算的时效性和准确性，造成工程概算与项目实际脱节。

城市轨道交通工程的各车站、区间设计相似度较高，应用 BIM 技术在信息调取整合方面的核心优势，以数据库的方式进行工程信息管理，简化了信息的传递路径，提高了信息传递效率，设计人员通过调用业主或本单位的 BIM 数据库，可精确查询与拟建线路项目类似工程的概算数据，结合本地区的人、材、机价格及已完相似工程单位造价，可以高效、准确地估算出规划拟建项目的总投资额度，为投资决策提供准确的依据，提高决策科学、准确性。

基于 BIM 的工程概算是将计算机专业中的图形图像学、结构化数据库、面向对象等与建设工程造价进行有效耦合，根据项目工程概算要求对 BIM 设计模型进行专业化改造，同时进行构件信息完善、调整和优化，从指标或价格信息库中结合项目特点和概算要求将 BIM 构件工程量与价格或指标进行对应关联，形成满足概算要求的结构化关联数据库，最终汇总统计形成完整的工程概算成果。

通过建立可视化的 BIM 数据模型，实现对模型自动快速地统计各类工程量，框图出量、出价，节省了工程概算的计算时间，降低了人为计算误差，提高了工作效率，有效控制了各方成本，其实现过程首先要收集工程设计概算所需基础数据，工程概算基础资源见

表4.2-1，选定工程概算软件，利用概算软件插件将BIM设计模型导入概算软件，并依据概算软件、概算规则或标准要求进行模型检查、修正和改造，完善构件概算所需信息，优化模型数据逻辑。在信息齐全的模型基础上进行工程概算的生成，如图4.2-5所示，利用概算软件进行工程量计算，套取清单定额，将定额与构件对应，输出工程量清单及其他数据报表，随后利用概算软件按照定额规定进行工程概算的组价分析和数据汇总，编制工程概算书工图及费用表。

工程概算所需基础资源表　　　　　　　　　　　表4.2-1

序号	资源类型	内容及要求	
1	实施软件	广联达、鲁班等造价软件	
2	工程资料	各专业设计图纸；工程概算规范、标准、定额、合同，包含清单、定额、指标、计算规则等；既有线路、以往线路及在建线路工程概算资料	
3	BIM模型	模型元素类型	模型元素和信息
		工程设计模型	构件应包含准确、完整的几何、非几何信息；修改满足造价规范和计算规则
		项目概算信息	包含工程量、价格、定额、造价指数、规费等

最终根据工程概算书优化设计方案，归档BIM工程概算的模型、分析数据成果以供其他阶段或专业持续设计施工图纸。

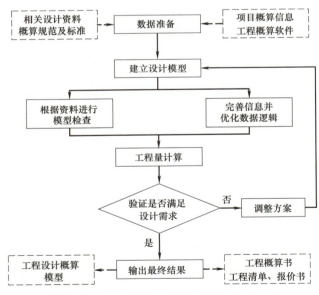

图4.2-5　工程设计概算BIM应用方案流程

2. 基于Revit的工程量统计

BIM模型可直接统计构件工程量，为工程概算提供参考，在Revit软件中计算混凝土、墙体、门窗、管道、风管、喷淋头、阀门、灯具等数量时，可直接根据设计模型构件的名称、定义、属性等进行归类统计，数据精度满足概算要求。如图4.2-6所示，在Revit 中创建明细表，选择所需统计的构件类别，进行明细表属性设置，根据数据统计的需要进行字段设定，如构件类型、厚度、宽度、高度合计等，最后得出各类构件的工程量明细表，将其导入 Excel 表格，根据工程概算的要求进行数据汇总整理，依据定额进行组价，编制工程概算书和费用表。

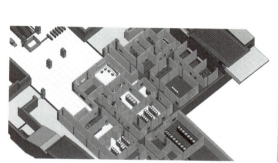 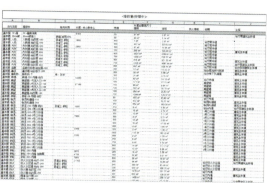

图 4.2-6　利用 Revit 创建的设计模型工程量明细表

但利用 Revit 软件统计工程量时需要注意的是，BIM 设计建模主要考虑设计的功能需求，在某些方面不适宜直接用于工程概算，应进行必要的模型改造、调整和细化，大量的模型调整降低了 BIM 模型用于工程概算的工作效率，在部分难以满足工程概算精度要求的构件统计中，往往需要设计人员按照以往线路设计概算经验，考虑部分类别工程量在概算时需要在净量的基础上进行计算参数、系数调整。

3. 基于广联达 BIM 的工程概算

广联达的 GFC for Revit 应用软件，能将 Revit 建筑、结构、机电模型导出为广联达算量软件可读取的 BIM 模型文件。通过 GFC 直接将 Revit 设计模型转换为算量文件，无须二次建模，避免了传统算量软件繁琐的建模工作，提高了全生命周期工程量计算工作效率。其转换过程中各步骤的主要功能见表 4.2-2。

工程概算所需基础资源表　　　　　　　　　表 4.2-2

序号	功能	GFC 模型转换功能特征
1	分层导出三维模型	分层设置单独计算,提高适应性,智能识别夹层降板,出入口等复杂区域
2	模型构件转换设置	GFC 软件自动匹配 Revit 软件算量构件关系,并可自由灵活调整匹配关系
3	模型检查	自动匹配到模型中构件位置,可单独定位、隔离、变色、导出、提升修改效率
4	导出报告	自动导出 Excel 数据,并可提示导出错误的图元位置及原因,提高模型准确率

广联达 BIM 软件在模型创建原则、模型检查、模型信息、构件名称、图元绘制、计价信息、数据交互等内容的同标准性，能保障广联达 BIM 算量模型与其他 BIM 设计模型数据交互的准确性、高效性，实现三维设计模型与下游造价模型的无缝衔接。

4. 基于 BIM 的设计概算应用方法及步骤

以目前国内较流行的计价软件广联达算量软件 GCL、模型转换程序 GFC 为例，工程概算应用的主要步骤为：GFC 模型导入时主要包括修改族名称、模型检查以及导出 GFC 等步骤，GFC 导入 GCL 算量软件进行工程概算主要包括新建 GCL 工程、GFC 文件导入、检查 GCL 工程、构件套取做法、汇总计算模型调整以及查看报表等步骤，主要操作方法见表 4.2-3。

广联达算量软件 GCL、模型转换程序 GFC 应用方法及步骤表　　表 4.2-3

序号	应用步骤	主要操作方法
1	批量修改族名称	批量修改族名称建立 Revit 与 GCL 构件之间转化关系及调整转化规则，使族的类型名称符合广联达 Revit 建模交互规范中的构件命名规则
2	模型检查	设置检查范围、构件类别、检查内容、构件映射之后运行模型检序号并依据模型检查报告进行问题定位和模型修改，模型中完全重叠的图元能智能修复，软件自行删除重叠模型中被包含的图元，以保证模型符合建模规范要求，避免在导出、导入过程中图元，避免重复修改模型
3	导出 GFC	导出 GFC 时，设置楼层归属、构件转化范围、构件对应关系和转化规则，导出为 .gfc 文件
4	新建 GCL 工程	新建工程应对工程名称、计算规则、清单和定额库、做法模式等进行设置
5	GFC 文件导入 GCL	文件导入时，设置导入范围、规则。导入规则包含按 GCL 规则处理非法图元、使用 GCL 楼层名和材质匹配，当导入构件和图元属性前后有变化时，生成的 .htm 网页详细信息可供查看及修改
6	检查 GCL 模型	检查 GCL 模型与 Revit 模型的差别，查看构件列表及属性列表，确保构件准确转化
7	构件套做	在构件列表中选择构件，编辑构件构造做法，并将其与清单和定额条目进行对应。"构件套做"可以降低建模工作量，实现多个工程量计算
8	汇总计算及模型调整	汇总计算时，当模型不符合 GCL 规则时，会报错提示，双击提示的错误，可以定位到相应位置，进行模型修改直至汇总计算通过
9	查看工程量报表	设置报表范围，查看构件汇总表和清单定额汇总表

5. 基于 BIM 的工程项目概算及成本管理

基于 BIM 的项目概算及成本管理是将项目工程量清单与模型关联，按位置、专业、系统、具体构件等不同维度查询清单，为成本测算、成本计划、成本核算、物资计划、合同结算等业务提供准确数据，有助于成本动态控制，进行多维度成本对比分析，及时发现成本异常，采取纠偏措施防止成本超支现象。

BIM 技术在工程造价方面的应用主要是解决传统造价管理存在的区域性强、标准不够统一，概算编制偏差大、精度不高，项目数据共享难等问题，有效保证工程造价的准确性和及时性。但同时，项目部分复杂模型数据的导入和导出发生构件或数据的错误、丢失现象，设计模型调整与工程量计算模型未能实现联动，增加了模型查缺补漏的工作量，降低了工程造价工作的精度和效率。

4.3　BIM 在施工图设计中的应用

施工图设计是建筑项目设计的重要阶段，是项目设计和施工的桥梁。该阶段主要通过施工图图纸及模型，表达建筑项目的设计意图和设计结果，并作为项目现场施工制作的依据。是对初步设计的进一步明确，需要反应具体的尺寸、节点、做法及设备技术参数，使其满足施工招标、施工实施、货物采购及施工预算等需求。采用 BIM 技术的施工图设计不仅可以提高设计意图的表达，而且还能较好地减少变更的发生，提高预算的精确性。

4.3.1 基于 BIM 的正向设计

BIM 正向设计是设计人员一直推荐的应用模式，其目的是为解决设计过程中多方设计信息难以直观传递、设计文件错误率高的难点，在项目机电专业设计过程中，采用 BIM 正向设计的思路，辅助项目的设计参数复核、设计方案分析等应用，可以简化设计人员的工作量，使得审查人员精准把控设计意图与数值，大幅度缩短施工图设计周期，同时 BIM 正向设计直接在三维环境里进行设计，利用三维模型，自动生成所需要的设计文档和数据信息，依托模型，建筑信息由设计传递至施工，使 BIM 在项目全生命周期的实施得到保障。

1. 基于 BIM 的正向设计方案

由于城市轨道交通项目的特殊性及机电工程复杂性，决定了项目在多专业协同设计过程中存在不少的难点，如前文所述，车站空间多样性、造型非常规、地下构造复杂、消防要求高、专业协同难、机电专业之间接口复杂为项目的突出难点，为上述难题提供解决方案，是项目 BIM 在设计阶段应用的关键。如图 4.3-1 所示，根据轨道交通工程的实际情况，制定适用于项目的 BIM 设计整体应用方案，贯穿设计的整个阶段。

地铁盾构区间 BIM 正向设计 分析及应用

图 4.3-1 BIM 设计整体应用方案

由于项目准备阶段周期短，工程项目初期设计意图不明确，项目具有设计难度大、时间紧的特点，若要求项目全部利用 Revit 设计进行出图的方式，在此阶段来说，并不符合项目的实际。而传统的做法，是先等设计出最终的施工图，再进行 BIM 翻模的模式，却并不能让 BIM 在项目中充分发挥优势。因此针对项目特点，让 BIM 优势充分体现在项目中，此阶段由设计团队的项目经理统筹安排，通过对项目的需求分析，制定主体"图模"同步更新、局部采用 BIM 正向设计的模式进而更好地将 BIM 与图纸结合。

(1) 主体同步更新

BIM 在设计方案初期开始介入，在此阶段起，实行主体图形、模型同步更新，在确定一版方案图后，BIM 模型同步更新。在此模式下，频繁地修改方案，对于 BIM 建模提出了严峻的工作要求，此阶段的模型精度仅需达到 LOD200 水平，但却在方案过程中突显 BIM 的优势。如，BIM 三维可视化优势，利于各专业、业主之间的沟通，提高决策效率，并且能及时发现设计中的问题并及时修改。同时，BIM 的空间尺度分析、性能化分析等应用，对于提高设计的质量有着重要的作用；在施工图应用中，由于有前一阶段的模型基础，BIM 对于设计的辅助更为突出。如图 4.3-2 所示，建筑结构与机电正向设计中同步设计更新。

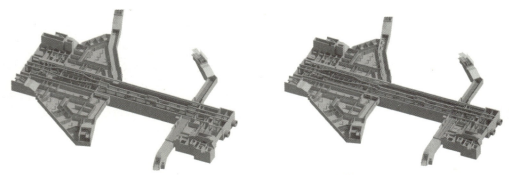

图 4.3-2　建筑与机电同步更新设计

(2) 局部 BIM 正向设计

初步设计阶段，由机电系统设备的选型开始介入，先通过三维手段对比各个方案的优劣，最终选定施工图设计最优方案，再设置不同的设备及管道参数进行模拟分析，进而优化管道走向与机房布置，完善管道定位与排布，最后根据装修方案选择机电末端形式。

2. 基于 BIM 的正向设计基础应用

基于 BIM 的正向设计基础应用主要是通过 BIM 软件，做充足的设计分析后，将设计理念表达成三维模型的过程。本节以 MagiCAD 软件为例介绍建筑机电专业施工图设计软件的功能和应用方法，在图纸说明兼容 AutoCAD 和 Revit，可应用于通风、供暖、给水排水、电气和喷洒系统的设计，可同时进行风系统、水系统、电气系统以及支吊架系统设计模块，其内置了大量机电设备材料的产品数据库提高了本土化设计建模和产品选型的效率。

(1) 风系统设计

MagiCAD 风系统设计模块包含流量叠加技术、管径自动选择、管道压力分布计算、系统平衡、最不利管道路由分析、噪声计算以及自动生成材料清单等设计计算功能。在建模时，可从 MagiCAD 数据库中选取所需的风系统产品族模型。风管转弯、连接处自动生成弯头、三通等管道附件，管道连接处自动生成连接部件，不同管径管道进行变径连接。在进行二维图纸设备的系统编制时，自动添加或修改标注、文字，动态生成更新各类平面图、剖面图，提高制图效率。

(2) 水系统设计

适当调整 MagiCAD 水系统设计模块可进行供暖、制冷、空调水、生活给水、污水系统、消防喷淋以及特殊系统进行设计和计算，如水压力和水头计算、管径自动选择、系统平衡计算等。在建模时可从 MagiCAD 数据库中选取所需的水系统产品族模型，可同时绘制多根管线，可自动计算管道直径和选择管道连接，自动检测机电系统内部以及与建筑结构之间的碰撞并生成碰撞检查报告。如图 4.3-3 所示为车站水系统排水系统设计。

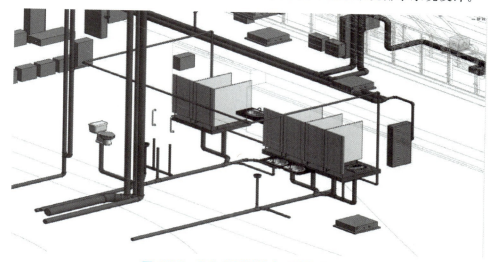

图 4.3-3　机电水系统排水系统管道设计

（3）电气系统设计

MagiCAD 电气系统设计模块可进行强电系统（如电气动力、照明）、弱电系统（综合监控、FAS、BAS、通信系统）的设计。可从产品数据库中选择各类电气设备自动进行电缆及电气管线排布，当电缆超出最大长度时自动报警，快速生成电缆清单，自动进行电缆、电气配管、桥架与设备的连接，自动生成配电盘原理图，实现平面设计图与配电盘原理图之间进行双向数据传输和更新，自动查找和替换设备，同时，能与照度分析软件 DIALux 进行数据交互。

（4）支吊架系统设计

在 MagiCAD 建立的 BIM 模型上进行综合支吊架设计，如支吊架型式设计、平面设计、大样设计、材料统计、支吊架验算等，并自动生成结构计算书。支吊架可通过"梁夹"自动识别梁，智能判断固定位置，实现在单钢梁和双钢梁上进行支吊架产品安装。支吊架产品、设计安装方法应符合国家现行相关专业规范要求，较好适应于工程设计习惯。

3. 基于 BIM 的正向设计深度应用

正向设计的深度实施是对项目施工图设计模型的精细化建造过程，有效保证各种基础分析，也避免了各阶段重复建模的时间成本上的浪费。

（1）精细化建模及模型的拆分

作为 BIM 实施的第一步，BIM 模型的创建对 BIM 的成功应用和推广具有重要的意义，由于项目的复杂性，采用分层、分专业建模，其中车站模型包括：建筑模型、结构模型、常规机电模型、系统机电模型、精装修模型。且不同专业领域采用三维软件各不相同，项目所采用的三维软件除 Revit 外，还涉及 SketchUp、3ds Max 等专业三维软件，各种三维软件之间，通过 Navisworks 进行整合和轻量化处理，最终解决多软件之间的协同问题，高效处理各专业的问题。

（2）辅助空间分析及可视化

如图4.3-4所示，对于车站内的站厅层、站台层等人员密集的空间，综合监控车控室、通信机房等关键设备房，利用BIM模型直观、高效地表达了空间关系，快速、直接地为决策提供可靠的信息依据，各参与方可通过三维模型了解其空间关系，提高决策效率。

图4.3-4　机电与装修完成后的建筑空间分析

4. 基于BIM的正向设计平台管理

在项目设计全过程中，设计成果信息化沟通协调的实时性、离散成果的合理归类与检索决定了BIM正向设计应用的效率与质量，这种"离散-整合-离散"的工作模式需要一种一体化平台化的协同模式，来有效缓解现阶段所面临的效率低下等问题。

（1）BIM正向设计平台模式的难点

设计院在进行BIM模型设计、交底、管线综合、辅助分析等工作时大多数为单专业三维设计层面，正向设计实现的难点在于解决基于BIM模型的全专业正向设计，不增加三维设计工作量的同时二维和三维无缝对接、工作拆分、工作量统计和项目信息一体化管理，BIM模型存储方式也应适应设计架构、模型成果拆分，便于查看审阅。

（2）"模数分离"式的协同模式探索

在Revit建模平台下，基于关系型数据库存储时，如图4.3-5所示的正向设计平台架构模式，将所有参数以关系型数据存储于不同分类的"表"中，通过程序预处理后直接对表中的字段进行增删、修改、排序、统计等数据库操作，以"数模分离"为契机，进行几何模型及加工模型的调整、出图等操作，并记录其构件对应的ID值，而在正向设计平台模式中，对构件ID值进行跟踪，在独立的数据库中，多终端单独存储图纸的版本、状态等信息，以实现图纸线上的校对、审核审定、工作量统计等功能。

基于"关系型数据库+文件服务器"的方式进行"数模分离"的正向设计协同管理平台的架构，能使现有的模型文件协同方式与信息化的协同方式相结合，通过唯一ID值保

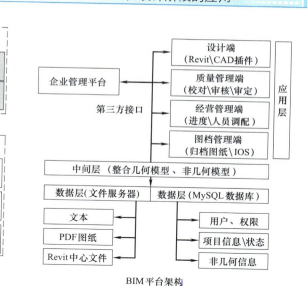

图 4.3-5　BIM 协同设计平台架构

证了数据的一致性，避免了建模软件、协同平台、企业管理系统、通信软件之间的重复工作，后续可基于该架构，指导正向 BIM 协同设计平台的开发完善。

4.3.2　基于 BIM 的施工图设计

施工图设计是设计阶段的最后一项工作，代表着工程信息的逐步完善与确定。对具有完整设计信息的模型进行专项分析，是对设计方案的最终验证、复核与优化。设计分析按照专业分为：建筑空间设计分析、结构设计分析、机电系统设计分析和绿色建筑设计分析，本文仅表述工程中建筑结构设计、建筑性能及机电分析的具体内容及操作方法。

1. 基于 BIM 的建筑结构设计

基于 BIM 的土建设计主要是三维模型下的轨道交通建筑和结构设计，基于模型进行数据转换和提取，导入结构分析软件、建筑性能分析软件中进行分析和设计校核，提高模型数据的传递效率。

（1）总平面分析

城市轨道交通工程大部分属于地下空间，通过 BIM 技术对建设区域地面地形、地下土壤分层、既有设施进行建模，记录地下水文、地面道路、河流、山川相关信息，通过三维可视化环境对建设区域场地条件进行全面展示，便于协调各要素间关系，为更好地确定设计方案提供基础。利用根据场地分析结果确定项目总体平面布置设计方案，编制分析报告，为车站结构设计提供设计后续所需资料。

（2）基于 BIM 的建筑空间设计

利用 BIM 进行建筑空间设计，利用其模型更新反馈方式，提高建筑空间设计效率，如图 4.3-6 所示，利用 Revit 对车站关键设备房等复杂区域、平面、造型、空间和节点进行设计表达和空间分析，模型校核空间需求，在模型环境下可直接编制施工图纸，导出设计成果包括平面图、剖面图、详图、大样图、材料表等，缩短设计周期，提高工作效率。

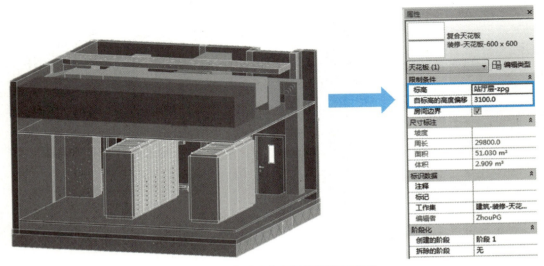

图 4.3-6　车站建筑空间净空设计分析

（3）土建结构设计、力学分析

基于 BIM 的结构设计分析主要是将 BIM 模型导入结构分析软件中进行计算，主要软件包括盈建科（YJK）、PKPM、ETABS、Midas 等，分别基于 Revit API 二次开发数据交换接口，如图 4.3-7 和图 4.3-8 所示，在 Revit 中调整分析模型，调整土方、梁、板、柱等的准确约束关系，利用 Midas 软件分析计算盾构管片受力荷载和基坑开挖时周边土方受力变化。

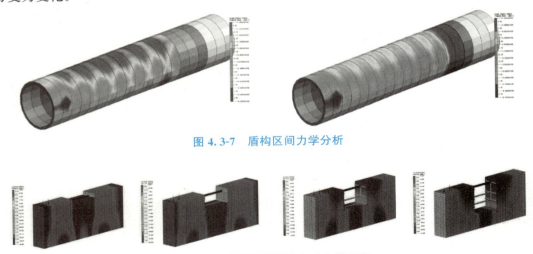

图 4.3-7　盾构区间力学分析

图 4.3-8　基坑开挖周边土方力学分析

2. 基于 BIM 的机电系统设计

基于 BIM 的机电系统设计分析主要包括：暖通空调专业的负荷计算、管道尺寸计算、管道压力损失复核以及系统完整性验证，给水排水专业的管道压力损失分析、管道尺寸计算、系统完整性分析，电气专业的电力负荷计算、照明计算等。主要是以 BIM 模型为设计信息载体，进行三维可视化计算分析，进行计算参数输入和调整，自动输出计算结果和计算书，并依据计算结果优化 BIM 模型实现多专业协同设计及三维可视化的机电系统设计分析，减少了计算参数的重复录入，提高了设计质量和工作效率。

（1）应用流程

在进行系统分析之前，收集分析所需基础数据，选择合适的机电设计分析软件，确定 BIM 数据交换方式及分析方法，常用的机电分析软件有 Revit、MagiCAD、鸿业 BIMSpace 等。再针对 BIM 机电模型进行必要的检查和清理，确保物理模型的系统属性、构件种类、截面形式、尺寸、材质等准确可靠，同时清理不参与计算分析的冗余信息，通过数据转换接口将 BIM 模型导入机电设计分析软件，生成分析模型，对分析模型进行完整性和正确性检查、修正，进行相关参数设置后进行机电系统分析，如管道水压力、压力损失、空间照度等设计分析。

最终根据分析结果进行机电系统设计复核和优化，进行 BIM 机电模型修正，编制计算书、分析报告，归档 BIM 机电系统模型、分析数据成果以供编制机电施工图或为其他专业设计提供后续设计所需要的资料等工作。

（2）水系统分析

给水排水与消防专业的分析通常包括：完整性分析、与其他专业的碰撞检测、连通性与有效性分析、最大用水量分析、管径核算、管道压力损失分析、系统平衡校核和阀门开度模拟计算等。在给水排水设计过程中，可采用 Revit 的明细表功能计算用水量，明细表统计参数包括房间名称、面积、设备数量、人均用水量、使用时间等参数。如图 4.3-9 所示，用 Revit 进行管道流量和水压力损失计算，通过在管道属性中设置管道连接、设备流量等相关参数，在模型中查看各管段水压力损失并生成计算报告，通过设置的流速和摩擦阻力可自动进行管径调整。但 Revit 对于管道流量采用了全累加的计算方式，而在实际管道水力计算时，采用系统设计流量计算，二者计算方式存在偏差。因此，在计算某一管段

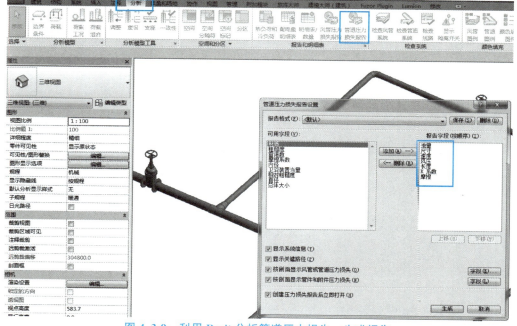

图 4.3-9　利用 Revit 分析管道压力损失、生成报告

局部损失时,可采用特殊族进行管段属性修改,使管道流量参数符合设计流量计算要求,保证计算的合规性,但 Revit 软件无法为消防系统或自流管系统(如卫生系统)生成压力损失报告。

同时 MagiCAD、鸿业 BIMSpace 也可进行给水排水管线建模、设备选型和布置、系统分析、水力计算、材料统计、碰撞检测、编制施工图等设计工作,与设计规范、工程设计习惯结合较好。

(3) 空调系统分析

通风空调专业 BIM 模型分析和计算内容主要包括负荷计算、风水管道完整性分析、管道压力损失计算、管道尺寸计算和噪声水平计算等,常用的 Revit、MagiCAD、鸿业 BIMSpace 软件均可进行暖通负荷计算。在进行负荷计算时,计算参数包括项目区位、环境气候、建筑类型、空间功能、能耗分区、建筑材料热力学性能等。其中,Revit 软件支持系统设计校验分析,可以检查如风管系统冷热水管的完整性以及校核流体流向、连接件属性,也可以进行管线碰撞检测,进而优化管线空间布局,其方法与给水排水系统分析相似。如图 4.3-10 所示,以多联空调为例,利用鸿业 BIMSpace 设定车站空调设备设计参

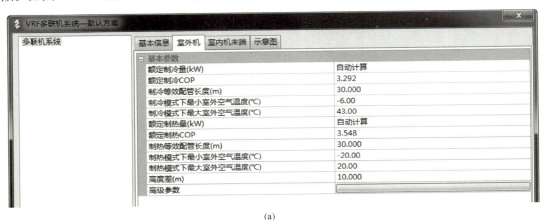

(a)

(b)

图 4.3-10 利用鸿业 BIMSpace 设置设备设计参数并计算分析系统负荷
(a) 车站多联空调设备设计参数;(b) 导出某车站全年空调负荷值并分析设计负荷

数，分析系统负荷。

（4）电气系统分析

动力与照明专业 BIM 模型设计分析主要包括模型检查、电力负荷计算、照明计算分析、防雷计算、设备选型等内容，鸿业 BIMSpace 电力负荷计算可根据设备配电形式、电压、功率、功率因素等参数，列表计算有功功率、无功功率、电流等，进行设备选型。在进行照明设计时，鸿业 BIMSpace 可进行照度计算，自动输出计算表格和计算书，进行自动布置灯具位置；在建筑防雷方面，鸿业 BIMSpace 同样支持防雷计算，通过设置建筑物周边环境、气象参数、校正系数等，自动计算年预计雷击次数并判断防雷类别。同时，DIALUX 软件也可支持基于 BIM 技术的建筑照明设计，通过将 BIM 模型以 IFC 格式导入 DIALUX 中，设置照明标准、照明方式、照明种类、光源、镇流器等，实现三维可视化的照明设计分析，完成如灯具选型、布置方案优化、照度计算、眩光计算、校验节能标准等设计工作。

3. 基于 BIM 的建筑性能分析

建筑性能分析主要是采用仿真手段对建筑的各项功能进行验证性的模拟分析，建筑性能分析主要包括：建筑能耗模拟，建筑环境模型、建筑系统仿真等的基础模拟，及工程特有的运营模拟、噪声模拟、光源模拟、灾害模拟等。

（1）车站运营人流模拟

将不同密度的客流量，应用于车站模型中，检查是否满足疏散要求，通过改进设计或增加技术措施，模拟大客流的疏散情况、疏散时间，生成疏散过程数据，辅助分析调整疏散路径，优化人流疏散方案。如图 4.3-11 所示。

图 4.3-11　车站运营人流模拟分析应用

（2）消防性能化分析

在车站站厅层通过对火灾烟气蔓延、火灾能见度分析、火灾温度模拟、CO 浓度模拟，提前预判火灾对建筑空间的影响，利用 BIM 模型结合 Pathfinder 疏散仿真软件对车站内乘客疏散过程进行模拟分析，预测人员疏散所需时间，为检验建筑消防设计是否合理提供有力支撑。

（3）光学性能分析

城市轨道交通工程一般为地下式车站，采用静态光学模拟，主要软件为 Radiance、

Ecotect 等，通过采用 gbXML 或 DXF 文件格式，使得 BIM 模型与 Ecotect Analysis 软件之间可以进行信息转换。其中，gbXML 格式文件主要用来分析建筑的热环境、光环境、声环境、资源消耗量与环境影响等，而 DXF 格式文件适用于分析光环境、阴影遮挡、可视度等，对比 gbMXL 格式分析显示效果更好一些。设计人员将 BIM 模型导入至 Ecotect Analysis 软件，利用其发射和采光功能，对车站站厅层、站台层两个大空间进行了专项光学分析，利用设计参数模拟照度与照射效果，创造较为理想的光学环境。按照地铁规范明确规定车站内部各区域的最小照度，对站台层与站厅层进行光照模拟分析，分析的结果可以为设计师提供可靠的数据参考，不再需要通过"想象"进行内部采光设计。

（4）声学性能分析

车站属于人员密集场所，常用的声学设计软件有：Odeon、Raynoise 和 EASE，其中 Odeon 一般只用于室内音质分析，而 Raynoise 可兼做室内外噪声模拟，也是最常用的软件之一。利用深化后的车站 BIM 三维模型，对车站公共区域乘客密集的场所、设备区列车及设备运营场所，分别获取不同的建筑容积、表面积，计算车站不同空间的声学性能，在模型中加入了表面装饰材料的吸声系数，通过计算得到声学初步设计的结果，以取得车站内较为安静的运营环境。

（5）风环境性能分析

由 Revit 模型数据导出 STL 格式，导入 CFD 软件，分析不同车站形式和不同环境条件下的通风模式情况，帮助确定送风策略，根据分析结果指导优化室内设备定位与运行情况，借助协同平台与装修设计协同考虑，减少返工和提升建筑品质。

4.3.3 基于 BIM 的设计成果输出

基于 BIM 技术的设计成果输出，是将 BIM 技术集成化的"信息"进行传递，确保模型信息与二维图纸保持一致，实现了轨道交通工程设计信息的集成输出与交付，提高了工程信息传递的效率，便于信息的检索和提取，为全生命周期 BIM 应用提供保障。

1. 基于 BIM 的设计成果交付方案

基于 BIM 的设计成果交付是无纸化交付的一种方式，将包含工程文档的信息模型上传至交付平台进行集中的审批、交付，充分利用信息化手段，提高审批效率，达到多阶段、多方信息传递的目的。

（1）设计成果交付流程

如图 4.3-12 所示，在进行成果交付之前，需要依据设计合同、国家标准确定 BIM 交付的内容、模型深度格式，收集施工图设计成果交付所需基础数据，进行 BIM 交付物完整性、合规性检查，编制 BIM 模型说明文件以及免责条款，表明交付物用途和使用范围，在 BIM 交付物报设计单位审批后进行设计成果交付，并归档相关 BIM 交付物。

（2）设计模型深度

根据项目设计合同，设计交付阶段模型达到相应的深度等级，BIM 元素的可用性、显示细节逐渐扩展，在施工图设计阶段，模型的深度应达到 LOD300 的要求。

（3）设计交付内容

设计交付内容应满足设计合同、交付标准等要求，在满足传统施工图设计交付要求以外，还应包括 BIM 模型、各类模拟分析模型和视频、分析报告等内容。BIM 施工图设

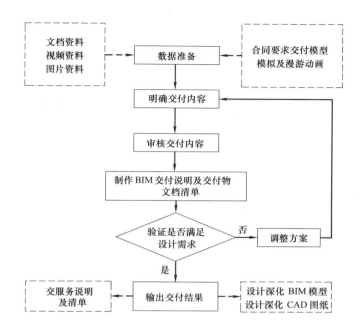

图 4.3-12　BIM 设计成果交付流程图

交付内容有以下几个方面，见表 4.3-1。

BIM 施工图设计成果交付内容表　　　　　　　　　　　　　　表 4.3-1

序号	类型	内　容
1	施工图设计图纸	完整的各专业电子版和纸质蓝图，包含必要的三维模型视图
2	BIM 模型	完整的各专业施工图设计模型，应进行必要的检查、清理
3	模拟分析模型	各类模拟仿真分析模型，如建筑生态模拟分析模型、结构分析模型等
4	工程概算模型	完整准确的设计概算模型，包含基于模型编制的工程概算书、工程量清单、报价单
5	模拟分析视频	由模拟分析模型生成的各类模拟分析视频，如虚拟漫游和疏散模拟视频等
6	分析报告	各类模拟分析报告，如碰撞检查报告、能耗分析报告、绿色建筑分析报告等
7	成果说明书	各类 BIM 设计成果使用说明书，包括使用方法、范围、免责条款、知识产权等

2. 设计模型检查与复核

BIM 设计成果交付前应检查交付物，保证 BIM 设计成果满足相关交付要求，如交付内容、模型深度、模型的正确性、完整性和一致性等，决定模型质量的关键点进行检查复核。

（1）设计成果检查流程

目前，模型检查软件主要有 Navisworks、Bentley Navigator、Solibri Model Checker 三种，其中每类软件的主要功能见表 4.3-2。

BIM 审核检查软件功能　　　　　　　　　　　　　　表 4.3-2

序号	软件	主要功能
1	Navisworks	应用较为广泛，进行模型集成管理和模型元素、构件的碰撞检查，也可进行项目协调、进度模拟优化、项目冲突干涉分析

续表

序号	软件	主要功能
2	Bentley Navigator	一般工业建筑和市政基础设施类项目,其作为三维建模审查和协同工作软件;具有多元检视功能,支持项目虚拟环境模拟分析,具有预览、批注、集成不同格式的设计文档,输出照片级渲染的图片和动画以及施工进度模拟等功能
3	Solibri Model Checker	支持 IFC 式模型检查,可进行建筑信息模型的完整性、建模质量协同化验证、物理安全分析等方面的检查,能自动查找出潜在的问题,如碰撞、冲突和违反设计规范等,模型检测基于定义的检测规则,具有较好的扩展性和适应性

设计模型检查主要包括：BIM 模型导出为软件所需要的文件格式，以 Solibri Model Checker 为例，导成 IFC 文件格式；IFC 格式的文件导入检查软件中，接着对模型进行相应的处理，设置检查规则，启动检查；最后提取模型信息，生成检查报告。

（2）设计成果检查内容

BIM 模型检查与分析，主要包括 BIM 模型的精准性、综合建模质量评估以及建筑物的物理安全性能检查等内容，例如：多专业设计协同检查验证、设备管理、机电系统检查、净空检查、工程信息统计等。

在机电模型检查方面，主要包括以下内容：

① 机电建模验证：机电单系统的完整性，管线位置准确性，阀件末端信息完整性核查。

② 通用净空检查：净空检查，空间定位核查，设备构件位置冲突核查。

③ 机电系统协同检查：管道系统之间的连通性核查，功能性初步检查。

3. 设计模型成果输出

针对城市轨道交通项目规模大、单体多、综合管线复杂，根据各专业的设计资料对模型进行深化和整合，并通过碰撞分析等手段优化施工方案，确保施工建造有序进行。通过创建信息交流和协同工作的环境，对项目设计过程中产生的各类信息如模型、图纸、合同、文档进行集中管理，最终实现施工图设计模型的集成交付。其中设计成果交付 BIM 应用成果有设计模型、设计图纸、计算式、报告、视频等文件。主要交付内容有：建筑结构模型集成交付、机电专业模型集成交付、建筑信息模型整体交付、基于 Revit 的明细表及明细表核查分析报告等。

4.4 BIM 在深化设计中的应用

施工深化设计的主要目的是提升深化后建筑信息模型的准确性、可校核性。将施工操作规范与施工工艺融入施工作业模型，使施工图深化设计模型满足施工作业指导的需求。

城市轨道交通工程施工图纸设计完成后，对比传统房建项目其图纸审批流程较长，此阶段施工单位与供货商之间的协调筹备称为施工准备阶段，该阶段也是设计图纸深化设计、优化设计最重要的阶段，其 BIM 技术的主要应用包括深化设计、施工组织设计、工况模拟及构件的预制加工，结合施工工艺及施工管理要求，在施工图模型或深化设计模型基础上，添加工法工艺、进度计划施工措施、工程量等信息，形成满足施工的 BIM 模型。

深化设计的类型可以分为专业性深化设计和综合性深化设计：专业性深化设计基于各

专业的 BIM 模型，在城市轨道交通工程中主要涵盖土建结构、建筑、常规机电各专业、系统工程各专业、精装修的深化设计等；综合性深化设计基于综合的 BIM 模型，主要对各个专业深化设计初步成果进行校核、集成、协调、修正及优化，并形成综合平面图、综合剖面图等整体空间分部图纸。

4.4.1　BIM 在土建工程深化设计中的应用

基于 BIM 的土建深化设计是在验证土建施工图设计正确性、准确性的基础上，以可视化的方式对施工图进行设计优化，演示结构复杂节点的设计思路，同时更重要的是为机电深化设计做充足准备。

1. 建立土建工程深化模型

精细化建筑结构建模的目的是在检查机电冲突时，有基础数据做参考，使冲突检查可视化。根据地铁工程施工特点，首先建立主体结构模型，再建立主体建筑、附属结构、附属建筑及其他细部依附专业，依据不同的车站分别配置不同站点的模型档案，减少编辑作业造成的计算机负荷，如图 4.4-1 所示为某车站建筑结构、区间模型。

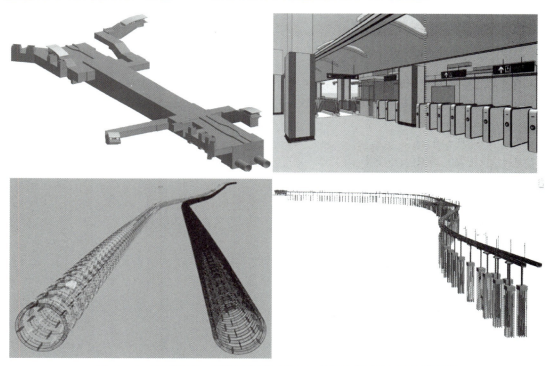

图 4.4-1　车站结构、建筑及区间（地上、地下）精细化 BIM 模型图

2. 基于 BIM 的土建工程深化设计

地铁工程在土建工程深化设计中的重点不仅包括在车站站房墙板等位置的优化，更应注重在高危施工方案的深化设计、复杂结构区域和盾构区间的深化设计。

（1）结构复杂节点深化设计

结构形式复杂、钢筋节点密集处，利用 Revit 提前进行钢筋节点的排布、预埋件的规划等，能提前消除矛盾，使得施工阶段节省材料，同时缩短协调时间、提高效率。复杂节点梁、支撑结构等深化设计，如图 4.4-2 所示。

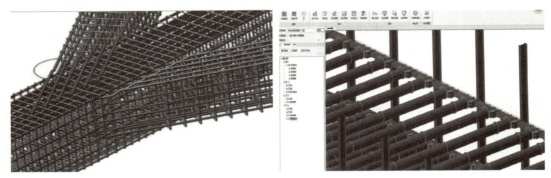

图 4.4-2　复杂结构节点深化设计

（2）隧道区间排布深化设计

目前，国内各大设计院均基于 BIM 开发了盾构管片通用配筋程序、盾构管片排板程序，按照地铁区间设计特点及流程，对其不同环错缝拼接的形式、隧道弯曲度等部位进行深化排布，如图 4.4-3 所示，通过 Revit、Dynamo、Rhino 等软件进行测试，选取相应软件建立隧道区间模型，通过模型模拟管片拼装及进度控制，根据钢筋模型第一时间对管片场制作的管片质量进行验收，保证质量。

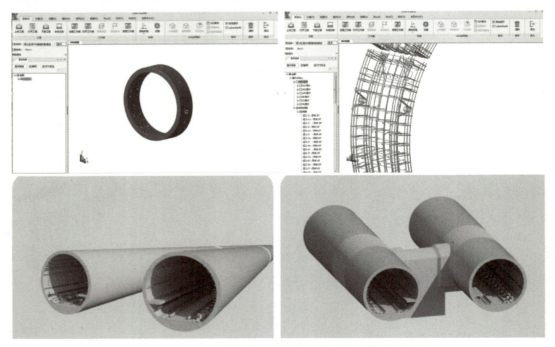

图 4.4-3　盾构区间管片、区间内部排布及连接深化设计

（3）二次结构深化设计

基于 BIM 的二次结构深化设计将砌块、圈梁、构造柱、导墙、顶砖、门窗洞口、过梁等位置预先进行空间定位，利用广联达 BIM5D、鲁班 BIM 等软件，快速形成砌体排布

图集材料统计表，提高二次结构施工图的准确性，减少返工，降低成本。

4.4.2　BIM在机电工程深化设计中的应用

基于BIM的机电深化设计是将精度等级较低、信息量不完善的模型与不同专业的设计信息图纸分配至各个BIM工程师手中，针对每个专业充分理解设计意图，整理系统，确认管线设计的合理性。根据专业设计、施工等知识框架体系，进行碰撞检测、三维管线综合、竖向净空优化等基本应用，完成对施工图阶段设计的多次优化。针对某些会影响净高要求的重点部位，具体分析并讨论，优化机电系统空间走向排布和净空高度。

1. 机电深化模型的建立

为了能在BIM编辑软件及视频软件中快速识别各系统类别，有利于提升编辑模型及冲突检查的时效性，中心文件根据项目初期建立的BIM模型标准，按照不同专业建立不同的工作集，即各专业根据二维图纸，分别在对应专业工作集中建立相应的三维模型。某地铁项目机电管线属性的划分，如图4.4-4所示。

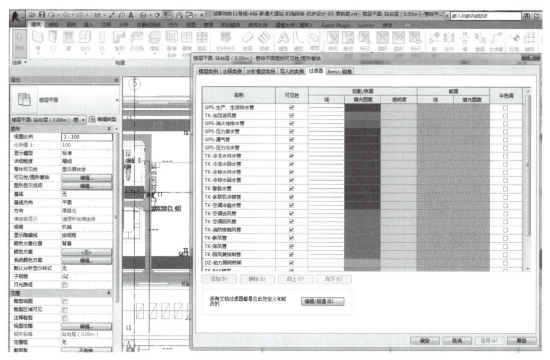

图4.4-4　地铁机电管线、机电图纸属性的划分图

机电模型可分为通风空调风系统、空调水系统、给水排水系统、消防系统、强电系统，以及通信、综合监控、气体灭火等系统，其机电系统的模型复核及元素信息属性添加流程如图4.4-5所示，其机电各专业详细模型绘制情况如图4.4-6所示。

2. 基于BIM的机电深化设计

由于地铁工程机电设计存在多方联络、沟通、协调的环节，设计周期较为漫长，基于BIM的可视化深化设计有助于加快协同速度，提高工作效率，缩短设计周期，达到减少返工节约成本的目的，同时借助BIM技术在设计精细优化工作中对传统施工图设计进行

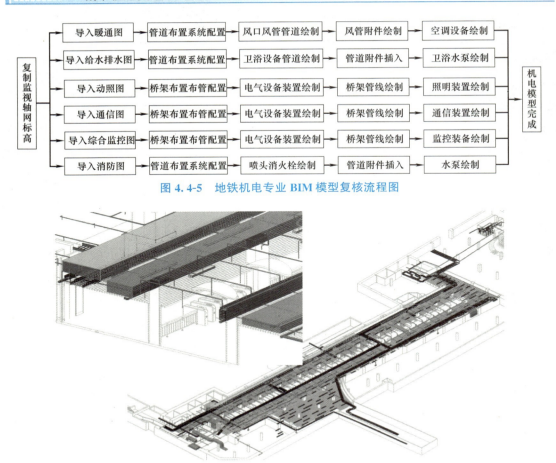

图 4.4-5 地铁机电专业 BIM 模型复核流程图

图 4.4-6 地铁机电各专业 BIM 模型图

持续地改进，解决原设计中错漏、碰错和不精细的问题，将各专业有机整合，使工程采购和现场施工能够有一个精确精细的管理依据，从而实现真正地提升建造品质。

通过 BIM 模型的搭建与及时修改，调整各专业之间的碰撞及净空关系，目前常用的软件为 Autodesk Revit 系列软件或 MagiCAD，并利用 Navisworks 和 Fuzor 进行专业间的设计协调。

(1) 信息化设计联络与深化设计

按照地铁站后机电设计特点及流程，在建设、设计、施工、供货商多次召开设计联络会议的同时，利用综合排布的 Revit 模型将设备构件的预留与空间反馈至供货商。将模型导入至 Fuzor 中，以虚拟漫游的形式进行工程内部构件信息查看及碰撞检查，与 Revit 双向实时互通对模型进行修改，进行真实效果查看。如图 4.4-7 所示的 Fuzor 环境下，在 Revit 中点选择模型中的排烟风机，对其属性信息、尺寸参数、位置等进行更改，切换至 Fuzor 软件界面后，此项更改会同步进行，使得可视化协同变得轻而易举。在设计联络确定的设备阀件等的基础上，进行模型的二次优化，确保设计、采购、施工不同阶段的模型信息的一致性，设备尺寸参数及空间布局的精确化，完成工程内部可视化协同设计、提高设计效率。

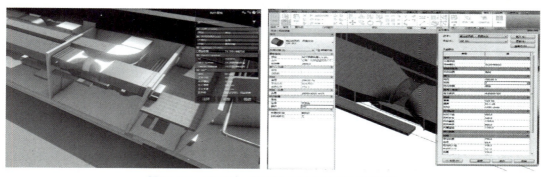

图 4.4-7 Fuzor 与 Revit 协同设计优化同步更改

（2）机电管线全方位冲突检测

在以往 BIM 机电深化设计碰撞检测工作开展的过程中发现，对碰撞进行调整后如果缺乏各专业之间的协调沟通、同步调整，则会产生新的碰撞位置，降低效率。全方位碰撞检测应该首先进行机电各专业与建筑结构之间的碰撞，根据碰撞检测报告结果对原设计进行综合管线调整，但碰撞检测过程中可能会出现误判，需要人为调整报告审核，检测下一步的各机电管线之间的碰撞。对比车站中碰撞点所属专业系统分布数据，通风空调专业中系统风管的大小是比较容易产生碰撞的点，如图 4.4-8 所示，某车站站厅层管道与结构碰

图 4.4-8 站厅层风管与风管碰撞检测

撞检测产生了 24 个点，为检测分析中碰撞点最多，此为重点关注点。

为保障施工图出图进度，充分协调各专业尤为重要，全方位、多角度地检测观察机电模型的碰撞处，多专业充分协调后进行修改。参数化联动是提高工作效率的一大突破，从参数信息到形状信息各方面同步修改，同时不再进行改图或重新绘图的工作步骤，更改完成后的模型可以根据需要生成平面图、剖面图以及立面图，以提高碰撞检测工作效率，其应用 BIM 技术前后工作效率对比见表 4.4-1，其实施的具体流程如下：

碰撞检测工作应用 BIM 技术前后对比表　　　　　　　　　　表 4.4-1

序号	内容	工作方式	影响	调整后工作量
1	传统碰撞检测工作	各专业反复讨论、修改、再讨论，耗时长	调整工作对同步操作要求高，一个专业调整其余专业将同步产生问题，工程进度因重复劳动而受拖延，工作效率低下	需重新绘制各专业平面图、剖面图
2	BIM 技术下的碰撞检测工作	在模型中直接对碰撞实时调整	简化异步操作中的协调问题，模型实时调整，即时显示	按照需求，利用模型生成图纸，无须重复绘制平、剖面图，仅需要对图层等细部要求微调后就可出图

① 将综合模型按不同专业分别导出，模型导出格式为 DWF 或 NFC 的文件。

② 在 Navisworks 软件里面将各专业模型叠加成综合管线模型进行碰撞检测。

③ 碰撞结果由深化设计负责人员集中处理，协调各专业设计人员根据碰撞结果在 Revit 软件里对模型进行调整。

④ 反复利用碰撞检测软件完成管线的碰撞检测，直到"零"碰撞。

⑤ 在 Revit 软件中根据需求导出所需图纸（平、立、剖面图）。

（3）机电设计方案对比

针对地铁车站内容易出现疏忽的较为复杂的节点，对车站建筑布局及各系统功能性的设计方案进行三维对比，从设计源头解决模拟使用功能，同时 BIM 模型可以提供解决工程复杂部位、质量容易失控部位等节点的精确方案。

（4）空间合理布置预留

通过 BIM 正向设计，在对机电管线宏观调整完成后，对于局部管线复杂区域进行特殊化调整，对各个系统管线大小进行复核计算。在满足原有设计标准上对管线尺寸进行最大优化，对局部特殊地区进行非标构件布置，如个别 T 形风管位置采用非标管件进行接驳；后期运营阶段需要检修等特殊区域进行精细化调整。

（5）功能房间的精细化设计

地铁工程机房数量众多，其中环控机房是车站运行环境的保障，同时也是机电 BIM 深化设计的重点，这类机房内设备占用空间大，管道尺寸大、管道众多且系统复杂。机房深化的第一步是精细化建立设备模型，利用 Rhino 作为中间件平台，打通机械 CAM 类建模平台与 BIM 模型的壁垒，利用工厂提供的 Pro/E、Solidworks 等双曲面、高精细度模型可以轻易导入 Revit 等通用 BIM 平台，实现高度统一、协调互用。在精确的设备模型及机电管线的设计基础上，从以下三个角度出发，综合考虑，深化解决机房排布问题。

车站机电管线
深化设计
效果漫游

1) 如图 4.4-9 所示，通过优化机房内冷水机组、水泵、分集水器等设备布局，预留人员通行和设备检修空间；

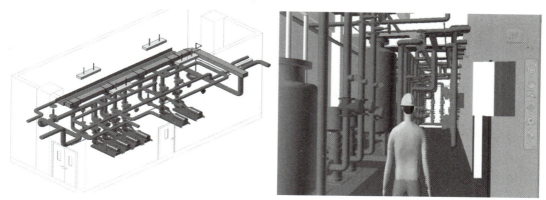

图 4.4-9　制冷机房、消防泵房设备布局预留检修通道

2) 如图 4.4-10 所示，通过优化管道避让关系，让交织管道平直有序，呈现水管的自然美感，实现最佳的视觉感官质量；

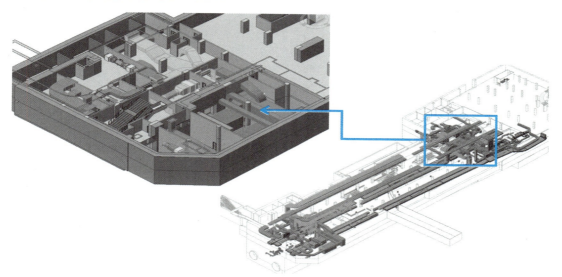

图 4.4-10　管线密集处合理避让、交织平直有序

3) 如图 4.4-11 所示，通过精确建模，优化各类阀门、仪表过滤器位置朝向和标高，满足地铁运营的高标准功能要求。

（6）支吊架同步设计

在机电管线情况较为复杂的地方，经常会存在支架摆放困难、无法安装的问题。随着成品支吊架的推广与发展，支吊架的同步设计也逐渐转变成机电管线深化设计的重点之一，根据 Revit 模型优化调整后的综合管线图纸，导出需要分析的剖面图，借助于支吊架受力分析软件，进行支吊架选型及设备排布、支吊架效应计算、支吊架承载力验算。

（7）综合优化图纸

目前，建筑行业的审批流程大多还停留在只接受二维纸质图纸及资料的阶段，设计优

图 4.4-11　合理设置阀门、仪表过滤器位置朝向和标高

化图纸在经过各职能部门审批的过程中，不同部门对资料的需求基础不同，在信息传递方面缺乏统一交付标准，从而导致设计单位与施工单位的设计优化结构无法协同输出为二维纸质资料。

在 Revit 模型碰撞检测无误，各方三维评审确认之后，可进行综合管线图纸输出，目前国内各家设计院的出图标准均有不同，设计院出图标准与 Revit 软件导出的图纸在表达形式上有出入，如图 4.4-12 所示。结合既定的模型标准中对各图层信息与格式，Revit 软件导出施工图纸的同时按照设计院出图模式与图纸要求进行局部参数调整，确保精细调整优化后的施工图直接联动设计院出图。

图 4.4-12　Revit 出图图层设置

3. 机电深化设计模型审批

通过 BIM 综合排布后，将设计问题反馈到模型中，并书面报审，按照既定的模型审批流程送审，业主及监理出具审查意见。

4. 深化设计 BIM 成果

通过 BIM 技术，可高效地协调机电系统间管线、设备的关系，进一步精细化图纸的设计，在施工准备阶段进行全方面的信息化设计，达到图纸完全指导施工的目的。为规范模型成果的输出，其具体的机电工程深化设计 BIM 应用成果要求详见表 4.4-2。

机电工程深化设计 BIM 应用成果表

表 4.4-2

序号	类型	成果内容及要求
1	机电深化模型	(1)管线及其管件:包括暖通专业、水专业的风管、水管(含保温),包含体量模型形状及满足机电深化模型要求、安装位置,放坡管线按坡度建模。 (2)桥架线槽及其配件:包括主要桥架线槽、构件形状及安装位置。 (3)风机盘管:包括设备的体量模型,样式不参考实际采用型号。 (4)设备:建模包括基本形状,有准确的长宽高尺寸;模型形状不参考实际采购产品样式。若确定设备型号应在模型中备注,以便管线接口对接。 (5)管路附件及末端设备:风口、阀门、水泵、水泵接合器、消火栓、弯头、三通、喷淋头、地漏等。 (6)设备/电箱柜:包括设备的体量模型,样式不参考实际采用型号。 (7)设备构筑物:包括设备基座基本尺寸。 (8)大口径管道的固定支架及动力管道的固定及滑动支架
2	机电深化图纸	满足机电深化设计要求,包括平面、机房布置图、重要区域节点剖面详图、主要管线标设计图高、系统、尺寸标注清晰
3	文档	(1)碰撞报告,包括碰撞分析包含的专业模型、碰撞分析策略、指令、碰撞分类及数量,专业协调建议和必要的截图说明。 (2)净高分析报告,包括常见的主要区域净高分布、净高优化情况。 (3)工程量清单,按机电工程工程量编码、计算规则,由模型提取后经必要的处理或补充

4.4.3 BIM 在装饰工程深化设计中的应用

装饰工程的深化设计需要处理的是:根据装饰与设计意图对装饰块面构件的规划设计,以标准模数设计分配构件类型,达到工厂化、标准化的加工目的,其中非标准装饰零部件的工厂化加工是工业化施工的焦点。

1. 深化模型的建立

城市轨道交通地铁工程需要根据现场实施进度及设计进度进行装修风格的多层次筛选对比。装饰模型的建立是在已建立完成的主体、机电系统的基础上进行,建模的重点一方面在对装饰材料材质、灯光对装修风格与装修理念的表达是否得当;另一方面在对建筑内部分割、内饰、外饰、终端点位的细部建立,以在满足使用的基础上体现美观、人文、精细化。

(1) 装饰材质库建立

装饰工程对于深化方案视觉要求较高,在 BIM 模型建立过程中,宜对不同类型构件赋予真实的材质信息,因此,装饰材料材质库的建立尤为重要。BIM 材质库在材质分类编码的命名规则标准化基础上,不仅要考虑材质颜色、外观等视觉属性,还要附加材料性能、密度、物理热量等信息,便于在后期的模拟分析、图形渲染等 BIM 应用中进行调用,如图 4.4-13 所示,在 Revit 中建立装饰材质库,在 3ds Max、Fuzor 软件中渲染材质,模拟真实效果。

(2) 装饰模型建立流程

建模之前需要收集装饰工程深化设计资料,选择深化设计软件,确定信息传递技术路线、装饰深化设计范围以及与其他专业的分界面,校核现场安装条件。如图 4.4-14 所示,对模型进一步深化,添加材料、安装、制造等信息,形成初步深化设计模型后,将深化设计初步模型与建筑、结构、机电等模型整合,根据碰撞检测结果调整模型,对机电终端重新整合排布,确定预留洞信息,审核模型,形成深化设计模型,最终深化设计模型导出工程量清单、深化设计图纸以及深化设计效果图,提交至设计、监理、业主审核,并由建设

城市轨道交通BIM技术应用

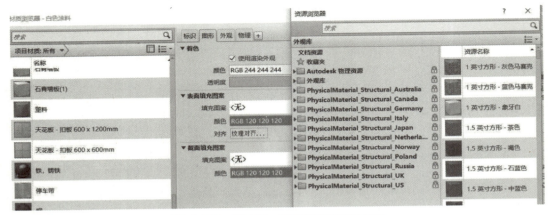

图 4.4-13 基于 Revit 的装饰材料材质库

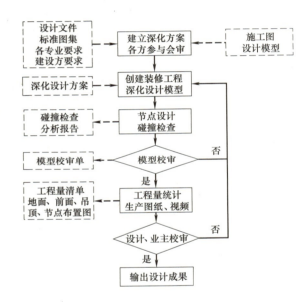

图 4.4-14 BIM 装修工程深化设计流程图

方确认。

（3）精细化模型搭建

确定整体深化设计方案，按 BIM 模型剖切二维 CAD 图纸，展示剖面细节，根据材料特性及安装要求，确定装饰构件详细的几何尺寸、形状等产品信息，并明确挂点位置、安装方式、材料属性等施工信息。如图 4.4-15 所示是某车站模型精细化处理，要根据这些信息再进一步完善模型，逐步建立装饰深化模型。

2. 基于 BIM 的装修深化设计

根据设计单位提供的施工图设计文件和业主对地铁车站不同区域的装修要求，结合现场情况，利用 BIM 技术进一步对细化材料选型、非标准部件的加工制造、现场安装要求的预演等形成装修细化模型，满足装修工程预算和施工准备要求。

图 4.4-15 精细化装修 BIM 模型

(1) 基于 BIM+VR 软件的装修综合性深化设计

基于土建和机电 BIM 深化模型，进行车站站厅层、站台层重点区域的精装修模型建立与效果渲染，利用 BIM+VR 软件进行装修方案沉浸式体验，协助对比设计方案。传统的装饰效果是通过立面图加剖面图表达，由于都是二维制图，深化之前实体的大小关系难以准确表达。而借助 BIM+VR 软件全三维模型的漫游功能，表达清晰直观；空间比例关系更加协调，特别是装饰立面的进退关系；能综合考虑整体项目的风格、色彩、空间布局、相应设备、人流导向等各方面。通过漫游检验施工后的效果，使人能够快速准确地理解设计意图，如图 4.4-16 所示。

装饰深化设计

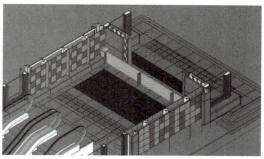

图 4.4-16　地铁车站出入口装修深化设计图

(2) 铺装排布

通过采用三维扫描技术，扫描测量装饰工程施工之前建筑内部的结构，获得三维云数据，对比修正设计的 BIM 模型，并开展精度研究与分析，优化装饰造型等方案，在模型中生成装饰面层的排布放样图，将室内地面铺装的选材与运用、形态设计、功能与搭配合理运用这三方面进行分析。如图 4.4-17 所示，为地面面砖与石材排布图，通过软件研究和分析排布拼花处置的效果，确立面层材质规格与尺寸、拼花位置等。同时，按照 BIM 模型中的准确尺寸进行放样，有关施工工作人员可依照模型的排布图铺装，在墙面、顶棚、交接点等较为复杂的地方，可以采用固定面层材质进行铺装，并将构成效果引入美学研究，从色彩构成、平面构成、空间构成三个方面详细地分析，最终完成车站公共区域装饰铺装深化设计。

图 4.4-17　地铁车站站厅层地板铺贴深化排布及效果图

(3) 非标构件的深化设计

装饰施工过程始终存在标准、非标准零部件。装饰工程全面工业化、数字化建造的基本思路，主要是通过工艺设计这一环节，使每个装饰整体饰面分解成若干具体的零部件，并进一步筛选出标准零部件和非标准零部件。重点设计非标准零部件的工厂加工方式和标准，用机器加工代替现场手工加工，将非标准零部件的制造与安装分离，使现场成为流水化安装的整装车间。

（4）模型材质及灯光设置

装饰深化 BIM 模型可以作为二次渲染基础，大大地提高了三维渲染的精度与效率，让业主对各个空间的装饰效果了如指掌。如图 4.4-18 所示，为地铁工程站台层的设计效果在 3ds Max 中的体现，减少返工或整改。其实现的方式是：首先，将深化模型导入可视化软件，把材料商提供的、经业主认可的实物样板通过拍照或扫描的方式转成图片，提取装饰材料材质信息，并对各个模型构件赋予相应的材质；其次，获取灯光顾问提供的灯具选型及其参数，添加至装饰 BIM 模型中，在模型转化时传递至可视化软件；最后，通过软件渲染功能得到装饰材质在真实的光照参数下的效果，并输出相应的效果图，供业主及灯光顾问参考。

图 4.4-18　地铁站室内灯管效果模拟分析

3. 基于 BIM 的数字化信息采集

BIM 技术在建筑装饰深化设计中的应用应该从数字化测量开始，没有数字化测量就无法实现装饰环境的模拟，深化设计也就无从入手。随着计算机应用水平的提高，大量的数字化 CAD/CAE/CAM 软件在建筑业大显身手，如 AutoCAD、Revit、3ds Max、SketchUp、Viga 等，这些数字化工具可以集成原始设计矢量数据和三维扫描点云数据，提供三维的细部图纸。

（1）现场数据采集

根据现场建筑结构提供的基准定位标高、轴线和其他定位点，参照《工程测量规范》GB 50026—2020 进行施工现场的放线和定位工作。施工过程中对基准定位标高、轴线和其他定位点进行复核、校验。通过三维激光扫描施工现场得到真实、准确的数据，通过三维激光扫描仪对现场土建、机电信息进行全方位的数据采集，后期比对采集的信息与装饰

BIM 模型信息，检查其与装饰 BIM 信息是否偏差，偏差值是否满足装饰要求，以保证装饰模型的有效性及精度和质量。如图 4.4-19 所示，利用全自动三维测量仪获取现场原始数据，配合图纸放样，为制图、建模、修改提供原始三维数据。

图 4.4-19 利用三维测量仪进行施工现场原始数据测量

（2）数据简化与处理

利用三维扫描技术获取的数据量大且不规整，若直接导入常规建模软件中将无法生成可行性高的实用模型，故需要通过点云数据处理软件，对点云进行加工整合，再生成模型。常见的点云处理软件有 SCENE、Infipoints、Edgewise 等，数据处理为开放式的 IFC 标准格式，开放的数据共享与交换能在多软件不同的 BIM 平台中发挥作用。

4. 深化设计 BIM 成果

通过 BIM 技术对资源需求进行分析，依据工程管理流程和时间节点、装饰材料的现场存量分析等集约化管理，实现施工资源的有效调度。BIM 模型可提供精准的预加工构件的尺寸定位、规格图和三维视图，同时也解决了异形构件不易加工的难题。装饰工程深化设计 BIM 应用成果要求详见表 4.4-3。

装饰工程深化设计 BIM 应用成果表　　　　表 4.4-3

序号	类型	成果内容及要求
1	装饰深化模型	满足装饰深化模型要求：各区域地面层、防水层、找平层、结构层厚度、材料、标高、做法参照标准图集及安装要求等。吊顶区域吊顶、机电末端排布、龙骨骨架、杆、检修口的尺寸、定位及标高，材料型号、规格、材质信息、技术参数、安装要求、施工工艺及施工要求等。墙面面砖、保温层、防水层、装饰层、踢脚线厚度、位置、尺寸、材质及详细做法，材料材质、技术参数、施工要求等，附加石材、面砖排布，石材安装龙骨布置及详细节点等。卫生间卫生器具、地漏、配件、管道等的几何尺寸、定位、材料、产品型号、技术参数点等；地面、墙面、吊顶的排布、尺寸、定位、材质规格、防水做法、保温要求等。固定家具及软装尺寸、定位、材料及材质、产品规格型号、技术参数及施工要求等。门窗、玻璃尺寸及定位、产品型号、材质、技术参数、安装节点及施工要求

续表

序号	类型	成果内容及要求
2	装饰深化图纸	由模型得到，满足装饰深化设计要求，包含平面、立面、重要区域节点剖面详图，构件材设计图纸料表、主要节点、构件、尺寸标注清晰
3	文档	碰撞报告，包括碰撞分析包含的专业模型、碰撞分析策略、指令、碰撞分类及数量、专业协调建议和必要的截图说明。净高分析报告，包含常见的主要区域净高分布、净高优化情况。工程量清单，按装饰工程工程量编码、计算规则，由模型提取后经必要的处理或补充
4	效果图及视频	项目鸟瞰、重点空间的效果图；主要区域的漫游视频、装饰动画视频等

4.4.4　BIM 在施工组织设计中的应用

施工组织是在施工之前对各分项施工时间场地、资源、施工顺序进行总体有序安排的综合性工作，是后续施工实施阶段施工与管理工作开展的依据。在地铁机电施工阶段，临时设施的布置、配件加工库房及到货设备材料堆场、施工区域内各专业穿插的科学合理与否将直接影响施工的整体进展。

基于 BIM 的施工组织模拟是将设计、深化设计模型及施工图等，根据施工组织文件将工序安排、资源组织、场地布置、施工进度等信息与模型关联，形成施工组织模型。通过对施工组织设计方案的模拟，利用所形成的模型、视频、文档提前发现施工过程中可能存在的碰撞，并制定相应的调整策略，优化施工工序、资源配置等计划，将所形成的模型、视频、说明文档用于施工工艺模拟与方案交底，有利于指导现场的施工实施。

1. 基于 BIM 的施工组织模拟应用流程

如图 4.4-20 所示，首先选择施工组织模拟软件，确定信息交换实施路线，制定工程项目初步实施计划，形成施工顺序和时间安排。将影响施工组织的重点部位如机械、场区布置、资源进行建模，将工序安排、资源组织、平面布置等信息关联至模型，建立施工组织模型，按施工组织流程初步模拟。再根据施工内容、工艺选择、配套资源等，调整工序间搭接穿插关系，多方案比对优化设计施工工序，根据施工进度计划、合同信息以及施工工艺对资源的需求等，优化资源配置计划。结合施工进度安排和资源配置计划对运输路径、场地规划等进行模拟，优化场布方案，讨论该方案的科学合理性，最终对工序、资源、平面布置综合协调、优化，更新至模型，形成施工组织模拟问题分析报告，以供施工组织人员在施工准备阶段进行组织合理性分析。如图 4.4-21 所示，对基坑开挖施工不同阶段进行组织模拟。

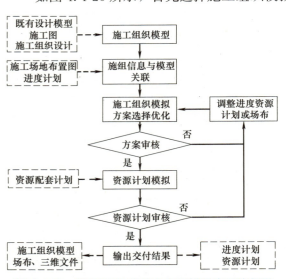

图 4.4-20　基于 BIM 的施工组织模拟应用流程图

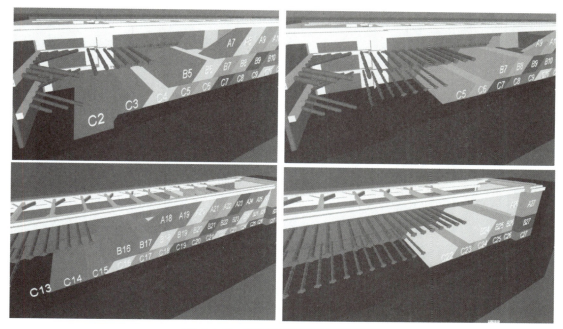

图 4.4-21　基坑开挖施工组织模拟图

2. 基于 BIM 的施工工序排布

在确定所使用的施工方案后，按照工期的要求、工作面的情况、工程结构对分层分段的影响、工序间的逻辑关系组织流水作业，决定施工资源的具体需求量以及各工序的作业时间，编制网络计划，并按不同尺度排出施工进度，结合人力、材料、设备、资金等条件部署施工任务，合理安排施工顺序，并根据现场条件、技术、成本与建设目标的匹配程度进行比对分析，合理选择工序方案。利用 Revit 等建模软件形成场地、周边环境设施设备和其他施工措施模型，与设计模型整合后可导入 Navisworks、Synchro 等软件，将 Project 形成的进度计划添加至整合模型后开展进度计划、施工工序模拟及漫游等施工组织模拟所需工作，如区间隧道中的供电专业、常规机电专业与通信专业的施工穿插，施工工序安排是否冲突问题，在大型设备运输吊装、区间隧道内作业车辆的穿插施工、狭小空间内的施工空间碰撞检测等方面进行模拟分析，对比施工组织设计，辅助进行施工准备阶段的各项优化。

3. 基于 BIM 的施工资源组织

根据施工工序排布和所使用的工艺方案、进度方案，结合劳动定额确定劳动量及每日工人需求，相应的材料种类、数量及配套的机械设备，计算施工所需各种资源用量及其供应计划，根据劳动力计划和材料物资的计算结果绘制出相应的时间曲线，检查其是否匹配、是否平衡。同时，在 BIM 应用的协同环境下，结合 BIM 技术可视化、模拟性的特点，通过事先模拟发现施工过程中可能出现的问题，并不断优化方案，协调专业间关系，为工程施工建立必要的技术条件和资源条件，统筹协调施工资源和现场空间，这是城市轨道交通工程施工不可少的前提。

思考与练习题

一、填空题

1. 方案设计阶段的 BIM 应用主要是利用 BIM 技术对项目的设计方案进行_____以_____，对下一步深化工作进行推导和方案细化。
2. BIM 技术在工程初步设计过程中，通过精细化考虑，在满足各种约束的条件下，寻求_____，从而提升经济技术性能。
3. _____是对建筑物内外各空间组成和功能合理性的分析与规划。
4. 基于 BIM 技术的设计人员协同工作是依据_____、_____及_____得以实现的。
5. 工程设计概算是通过测算与控制前期的投资，有效地实现_____与_____，为_____提供经济数据支持的过程。
6. BIM 在完整的设计工程信息基础上再进行相对准确的设计分析，形成量化的分析结果是对设计方案的最终_____、_____。
7. 基于 BIM 的设计成果交付是_____的一种方式，将包含工程文档的信息模型上传至交付平台进行集中审批、交付，充分利用信息化手段，提高审批效率，达到多阶段多方信息传递的目的。
8. 地铁工程在土建深化设计中的重点不仅包括在车站站房墙板等位置的优化，更应注重的是在_____、_____和_____。

二、单项选择题

1. 以下（　　）不属于 BIM 技术在初步设计中的应用主要体现。
   A. 优化设计布局　B. 功能性设计　C. 多专业空间布置　D. 施工可视化模拟
2. 在 Revit 中创建（　　），选择所需统计的构件类别，进行属性设置，可统计需要进行表达的字段的数据汇总整理。
   A. 项目属性　　B. 工程量　　C. 明细表　　D. 视图范围
3. 施工图设计阶段是项目设计和施工的"桥梁"，通过（　　），表达建筑项目的设计意图和设计结果，并作为项目现场施工制作的依据。
   A. 施工图纸　　B. 模型　　C. 施工图纸及模型　D. 施工方案
4. 在施工图设计阶段，机电设计成果检查内容中，管道系统的功能性初步检查，属于机电模型检查中的（　　）。
   A. 机电建模验证　　　　B. 机电系统协同检查
   C. 通用净空检查　　　　D. 机电设计成果输出
5. 在基于 BIM 的建筑性能分析中，根据车站客流量，对疏散进行模拟分析的属于（　　）。
   A. 车站运营人流模拟　　B. 消防性能分析
   C. 光学性能分析　　　　D. 声学性能分析

三、多项选择题

1. 以下（　　）是 BIM 技术在概念设计中的主要实施内容。

A. 地下空间形式思考　　B. 车站服务功能性规划　　C. 饰面装饰及材料运用
D. 室内装饰色彩选择　　E. 车站运营模拟规划

2. 基于BIM技术的工程概算是将计算机专业中的（　　）等与建设工程造价进行有效耦合。

A. 图形图像学　　　　　B. 结构化数据库　　　　　C. 工程信息模型
D. 面向对象　　　　　　E. 建筑构件库

3. 施工图设计阶段的设计分析按照专业可分为（　　）。

A. 建筑空间设计分析　　B. 结构设计分析　　　　　C. 深化设计分析
D. 机电系统设计分析　　E. 绿色建筑设计分析

4. 以下（　　）属于BIM成果交付中的内容。

A. 各专业电子版　　　　B. 模拟分析报告　　　　　C. 模拟仿真分析模型
D. 设计计算书　　　　　E. 模拟分析视频

5. 基于BIM的装饰工程深化设计的具体表现形式主要有（　　）。

A. 装饰材质分析选型　　B. 铺装排布　　　　　　　C. 效果图展现
D. 非标准构件的深化设计　E. 模型材质及灯光设置

四、问答题

1. 基于BIM技术的建筑初步设计及分析有哪些价值？
2. 简述基于BIM的工程项目概算及成本管理应用内容及价值。
3. 基于BIM的设计成果输出是如何实现的？
4. 基于BIM的项目施工组织模拟是如何实现的？

教学单元 5

BIM在施工阶段的应用

【知识目标】

通过本单元教学,应了解BIM技术在轨道交通项目施工阶段的具体应用内容,理解轨道交通项目施工阶段BIM技术应用的价值体现,掌握基于BIM技术的轨道交通项目施工技术管理、进度管理、质量管理、安全管理、造价管理、机电系统调试及新技术拓展等方面的具体应用内容。

【能力目标】

具备对轨道交通项目的虚拟化施工应用的需求分析和功能评价能力;
具备利用BIM技术进行数字化加工概念的理解和分析评定能力;
能利用BIM技术进行图纸会审、资料管理、变更管理和技术交底等项目技术管理;
能利用BIM技术进行项目进度计划编制、模拟和控制的项目进度计划管理;
能利用BIM技术进行项目职业健康、安全管理、智慧工地等的项目安全管理应用;
能利用BIM技术进行项目工程量清单计算、施工图预算及成本管理的项目造价管理。

教学单元5　BIM在施工阶段的应用

【思维导图】

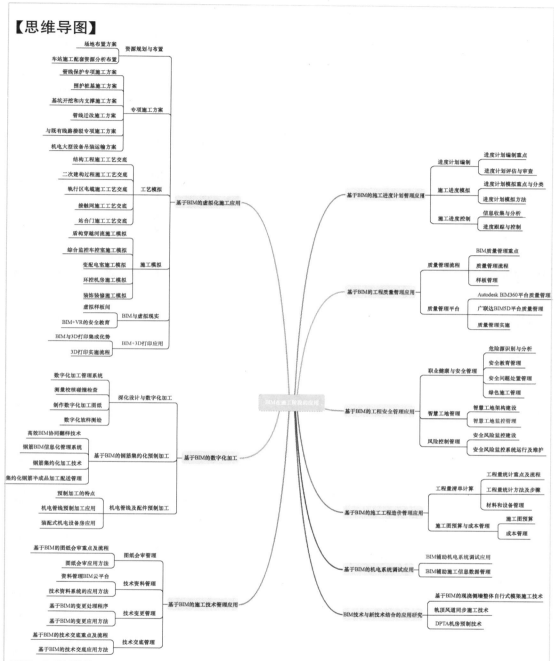

【思政导学】

通过对"BIM技术在轨道交通工程施工阶段安全生产综合管理应用研究"视频的讲解，将BIM技术的先进理念引入教学，使学生意识到BIM技术在轨道交通工程施工阶段的重要性，如：利用BIM技术可以将不同专业的模型整合成一个完整的项目模型并可以模拟工程建设过程，有利于及时发现施工过程中的问题，精确指导现场的施工，节省大量的施工时间。培养学生及时地反思、总结自己，查漏补缺的习惯。

BIM技术在轨道交通施工阶段应用

5.1 基于 BIM 的虚拟化施工应用

虚拟化是为了解决方案在可靠性、安全性和性能上的不足，通过数字模拟所进行的验证性试验，城市轨道交通地铁工程因专业众多，自身的设计、接口、协调沟通量较大，以深化设计与数字化加工为基础，基于 BIM 的虚拟建造，能够极大地克服工程实物建造在一次性过程中所带来的困难。BIM 对工程建造过程中虚拟化施工的价值主要体现在以下两个方面：

（1）BIM 技术降低了工程建造中设计、施工、运维三阶段衔接过程中的信息缺失，成为解决信息孤岛问题的重要支撑，城市轨道交通地铁工程 BIM 技术应用遵循着"一次创造，多次使用"的原则，随着工程建造过程的推进，模型中的信息不断补充与完善，并形成一个最具有时效性的、最为合理的虚拟建筑，这体现为一个增值的过程。

（2）BIM 技术成为支撑工程施工中深化设计、预制加工、安装等重要环节的关键技术，BIM 支持从策划到运营的各阶段工作，在施工阶段的虚拟化施工管理主要有 3D 协调、场地施工规划、施工系统设计、3D 控制规划及记录模型等。

5.1.1 资源规划与布置

基于 BIM 的施工现场的合理性规划能减少作业空间之间的冲突，优化空间利用率，包括施工机械规划、现场物流与人流规划等。从施工过程中降低施工风险与成本、提高施工与管理效率的初衷出发，在传统施工现场采用二维方式进行总平图规划的前提下，将 BIM 技术提前应用到施工现场临时设施规划阶段，从场地布置开始全过程建模，模型要及时更新，在项目场地规划评审中采用较为合理的规划方案，更好地指导施工。

1. 场地布置方案

为实现现场施工场地的合理使用，施工总平面图应有条理，尽量减少占用施工用地，使平面布置紧凑合理。同时做到场容整齐清洁、道路畅通，防火及安全文明施工符合规范，施工过程中随着施工进度的推进，各区域的划分及属性也随之变化，利用 BIM 技术提前预演，避免在施工过程中多个工种在同一场地、同一区域相互牵制和干扰。

基于 BIM 建立施工场地及场地布置的各种临时设施模型，对施工场地进行布置，合理安排吊车、库房、加工场地、现场办公、安全文明施工设施和生活区等位置，解决现场施工场地的划分问题；通过施工场地布置方案评审时的可视化演示与沟通协调，优化施工场地，选择最优施工路线。

（1）办公区临时设施布置

如图 5.1-1 所示，在拟定的临时设施布置方案，在 Revit 中建立不同区域的布置方案，分别为办公区、生活区、生产区，利用 Navisworks 集成不同区域布置情况，利用 Fuzor 模拟分析办公区各功能房间的布置情况，如图 5.1-2 所示，将"车站布置.rvt"文件导入 InfraWorks 软件中进行临时设施各功能区域的规划，分析临建、道路与施工生产的相互影响。

（2）施工现场场地布置分析

应用 BIM 模型对施工场地内部和外部进行可视化分析，结合 GIS 地形，合理优化场

教学单元5　BIM在施工阶段的应用

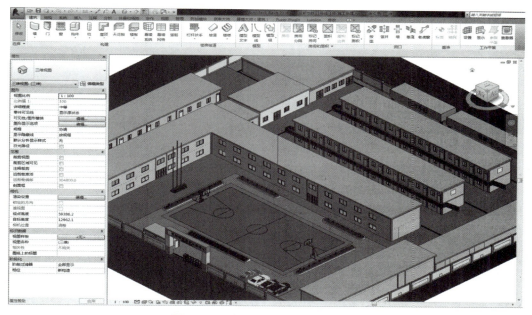

图 5.1-1　施工现场临时办公室模型

图 5.1-2　InfraWorks 软件模拟办公区与生产区位置情况

地周围交通，并对场地内部施工道路、临时加工区、设备安装位置等进行优化和动态管理，场地模型分析如图 5.1-3 所示。

（3）盾构机模拟

如图 5.1-4 所示，通过 CATIA 建立盾构及 TBM 机械模型，同时对模型进行动态模拟，可视化指导人员施工，增强施工效率，了解施工原理以保证模型和图纸的准确性，真实反映现场情况。

图 5.1-3　GIS＋BIM 分析周边环境和施工场地布置

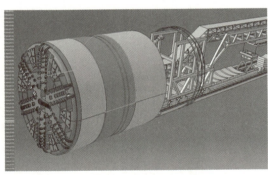
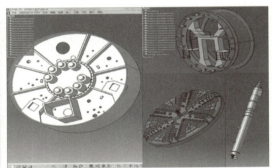
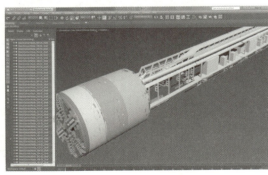
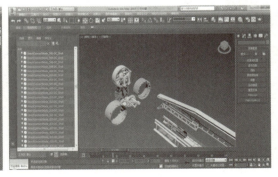

图 5.1-4　CATIA 建立的盾构及 TBM 机械模型

2. 车站施工配套资源分析布置

在施工准备阶段，需进行工程整体场地的临时设施规划。由于土建工程施工、机电工程施工阶段的施工组织存在差异，故机电工程施工过程中所需资源即临时设施、临时防护、临水临电等布置也随之改变。如图 5.1-5 所示,利用 BIM 技术分析机电工程施工过程中主要临时设施的布置。

车站三临
防护漫游

5.1.2 专项施工方案

在城市轨道交通工程实施过程中,对施工关键工序、施工重难点、危险事件频繁的分部分项工程及既有线路接驳等施工专项方案,利用 BIM 技术指导编制,可以直观地分析复杂工序,将复杂部位简单化、透明化,提前模拟方案编制后的现场施工状态,对现场存在的危险源、安全隐患、消防隐患提前排查,合理排布专项方案的施工工序,有利于方案的制定、评价与交底实施。

图 5.1-5　Fuzor 中车站临时设施布置 BIM 模型分析

1. 管线保护专项施工方案

针对地处市中心繁华地段的地铁工程,地下管线的数量和种类非常繁杂,在管线迁改、保护工程量大的某些车站中,如图 5.1-6 所示,采用 BIM 技术对管线保护方案进行施工模拟,验证在保护过程中管线的受力变化,分析方案的合理性和安全性,同时也能在基坑开挖阶段进行相应的加固保护。

2. 围护桩基施工方案

在城市中心区域,建筑物密集,地铁施工场地面积有限,故不能采用放坡开挖方式,而采用基坑围护工程,如图 5.1-7

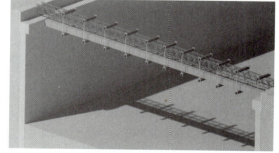

图 5.1-6　某地铁车站基坑管线悬吊保护专项施工方案

所示,对基坑围护桩基施工方案中,对支护桩上水平支承梁浇筑、桩基施工等主要工序进行模拟与验证,施工过程中及时根据基坑大小及土压力、水压力监测数据,确保施工安全。

图 5.1-7　维护桩基及冠梁施工模拟方案

3. 基坑开挖和内支撑施工方案

车站深基坑一般均属于超过一定规模的危险性较大的专项方案，其施工方案需要通过专家评审，通过 BIM 技术对基坑开挖和内支撑吊装方案进行施工模拟，验证方案实施的可行性，提前分析实施要点和危险源。基坑开挖和内支撑方案模拟，如图 5.1-8 所示。

钢支撑施工方案模拟

4. 管线改迁施工方案

城市地下管线因系统、功能错综复杂，建设周期不一，地铁基坑开挖施工前需对与车站结构冲突的管线进行合理性迁改，利用市政勘察图纸建立准确的市政管线 BIM 模型，如图 5.1-9 所示，通过 Revit 软件进行迁改前后方案 BIM 模型对比，直观地分析管线与主体结构、附属结构及周边环境的关系，制定最优的管线改迁方案。

冠梁施工方案模拟

图 5.1-8　车站基坑钢支撑吊装施工方案

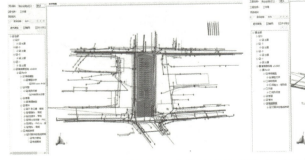 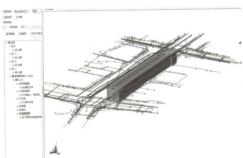

图 5.1-9　某车站管线改迁前后管道位置方案对比

5. 与既有线路接驳专项方案

随着地铁工程规划及城市的发展，地铁施工会越来越多与既有在建、运行线路接驳，如与既有停车场、车辆段、车站、出入口接驳。若施工过程中因线路设计与规划问题，施工作业范围与设计使用矛盾，会对工程本身的施工安排产生较大影响。如图 5.1-10 所示，某市轨道交通既有 1 号线、7 号线与在建 18 号线接驳，在两条线路场地建模的基础上，通过对比分析施工区域与施工内容，明确施工责任范围，高效解决施工中常见的矛盾，提高工作效率。

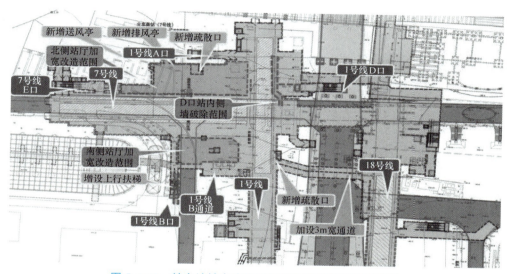

图 5.1-10　某市地铁在建线路与既有线路接驳施工方案

6. 机电大型设备吊装运输方案

在机电施工阶段，针对车站主要设备的吊装运输，如配电柜、变压器、冷水机组、隧道风机、车站电扶梯等的吊装运输，正确的安装方法能够省时省费。传统施工方案仅借助于二维平面的策划与想象，其施工方法只有在工程实施时才能得到验证，很可能会造成危险隐患、吊装事故等问题。如图 5.1-11 所示，为车站变

图 5.1-11　机电大型设备吊装方案

配电室变压器的吊装方案模拟，利用三维模拟，清晰地展示方案内容，对于吊车位置、吊装半径、起吊高度等都有明确的演示与交底。

5.1.3　工艺模拟

施工工艺是用于指导施工的专项技术性文件，其技术的合理性将直接影响方案的实施和现场实体施工的质量。地铁机电工程发展迅速，新材料、新设备、新工艺、新技术不断出现，通过 BIM 技术的施工工艺模拟，把握不同方案的特殊要求和质量把控点，特别是机电工程施工的关键、重点难点工序，如轨行区接触网施工、通信电缆接驳、车站站台门

施工等安装相对复杂、技术要求相对较高的关键构件及部位。

基于BIM技术的可视化功能，能够提前对重要部位的安装进行动态展示，提供施工方案讨论和技术交流的虚拟现实信息的同时，可视化工艺交底，展现出施工过程中的质量控制点，有利于作业人员的理解和管理人员对现场施工的把控。

1. 结构工程施工工艺交底

如图5.1-12所示，利用BIM模型对车站底板防水层施工、盾构区间管片铺贴等结构施工进行工艺交底，明确施工过程中工艺操作关键、演示施工过程进行可视化交底。

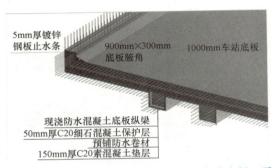

图5.1-12 车站底板、盾构管片拼接施工工艺交底

2. 二次结构工程施工工艺交底

如图5.1-13所示，利用BIM模型三维展示砌筑工程关键工艺进行交底，明确施工过程中的质量控制点，对墙体水平度垂直度的测量进行三维可视化交底。

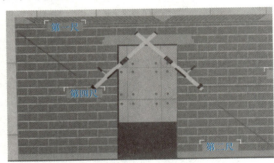
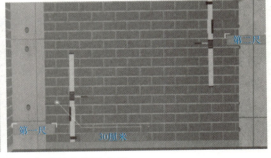

图5.1-13 砌筑工程墙体水平度垂直度检查交底

3. 轨行区放缆施工工艺交底

地铁机电工程供电专业的环网子系统中，环网电缆敷设难度大、作业环境恶劣、施工质量要求高，其施工关键部位为环网电缆的机械化敷设，如图5.1-14所示，利用BIM三维模型模拟施工放缆全过程，进行三维可视化交底，清晰展示敷设全过程，提高施工质量。如图5.1-15所示，为环网电缆中电缆冷缩接头的加工与制作，在工艺交底中，对质量控制点进行生动地展示与操作讲解，充分提高作业人员的技术水平。

供电工程
环网冷缩接头
制作工艺

4. 接触网施工工艺交底

刚性接触网与柔性接触网在城市轨道交通中均有应用，刚柔过渡作为二者的关键接口，对接触网系统的弓网关系和受流效果影响很大，也是接触网设计中的关键点所在。如

教学单元5　BIM在施工阶段的应用

图 5.1-14　环网电缆施工技术交底

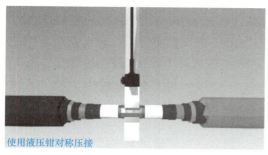 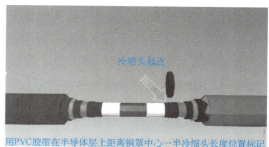

图 5.1-15　环网冷缩接头制作工艺可视化交底

图 5.1-16 所示，通过 BIM 技术提前模拟停车场出入场区接触网常见的刚柔过渡方案，将施工工艺中控制的关键部位进行可视化交底，以确保接触网施工完成后的下阶段工序顺利开展。

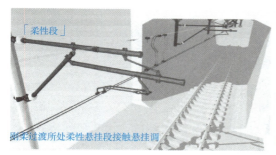 

图 5.1-16　接触网刚柔过渡施工工艺交底

5. 站台门施工工艺交底

地铁站台门是各站台直接面向千万乘客的安全设置，站台门专业是地铁项目中较为重要的专业，做好站台门的安装施工，确保乘客安全及地铁运营安全显得尤为重要。如图 5.1-17

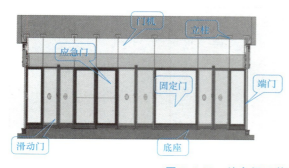 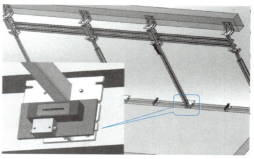

图 5.1-17　站台门工装安装施工工艺交底

所示,利用 BIM 技术模拟解析站台门安装施工中的主要难点问题,对站台门项目的安装施工和作业人员对施工重难点的把控有着积极意义。

5.1.4 施工模拟

根据拟定的最优施工现场布置和最优施工方案,将由项目管理软件如 Project 编制的施工进度计划与施工现场 3D 模型集成一体,引入时间维度,完成工程结构施工过程的 4D 施工模拟。如车站的控制中心综合监控车控室、变配电室、空调环控机房等关键的设备房内的施工模拟,通过 4D 施工模拟,可以更加经济合理地安排设备材料进场、劳动力配置、机械排班等各项工作,从而加强了对施工进度、施工质量的控制。针对结构施工过程,利用已完成的 BIM 模型进行动态施工方案模拟,展示重要施工环节动画,对比分析不同施工方案的可行性,并听从业主方指令对施工方案进行动态调整。

设备区漫游

1. 盾构穿越河流施工模拟

盾构施工过程中,当盾构机穿越江、海、河、湖时,由于隧道使用线路上的限制,有时隧道所处位置的上覆土层较浅,如越江隧道、城市地铁隧道施工中穿越河道及湖底等情况。如图 5.1-18 所示,采取 BIM 技术对拟定的盾构隧道下穿桥梁的施工技术措施进行施工模拟,对施工过程中遇见的可能因素进行分析,提出解决方法,施工过程中实时监测对比,防止变形过大等危险。

图 5.1-18　盾构下穿桥桩基础施工方案模拟应用

2. 综合监控车控室施工模拟

车站控制室是地铁车站的"大脑",是车站运营和列车运行的指挥中心,在车站起着中枢作用。如图 5.1-19 所示,利用 BIM 技术进行车控室内部各工序的施工模拟,合理性规划施工工序和施工重难点,并确保各设备管线精确安装就位,以保证地铁正式运营期工作人员的日常操作使用和运维检修。

综合监控
车控室施工模拟

3. 变配电室施工模拟

变配电室是进行电压升降和电能分配的设备房,主要设备一般配置有电力变压器、高压配电柜、低压配电柜、电缆等,其设备重量较大,安装运输难度大,如图 5.1-20 所示,通过 BIM 技术提前预演施工方案,确保设备有序安装。

教学单元5　BIM在施工阶段的应用

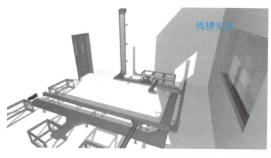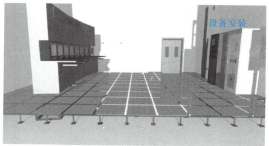

图 5.1-19　车站综合监控车控室施工模拟

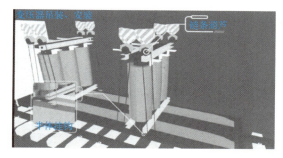

图 5.1-20　车站变配电室施工模拟

4. 环控机房施工模拟

车站环控机房是站内环境控制的关键，也是运营期间日常维护保养最多的设备房之一，其设备的安装质量和安装精度要求较高，如图 5.1-21 所示，利用 Navisworks 模拟分析空调机房内的施工安装工序及工艺要点，对施工班组进行可视化技术交底，提高施工生产效率，同时保障施工质量。

制冷机房漫游

图 5.1-21　车站环控机房施工模拟

5. 装饰装修施工模拟

基于 BIM 模型，完成窗帘盒、吊顶、木门、地面砖等基础模型的搭建。对施工工序的搭接和新型、复杂施工工艺进行模拟，并对灯光环境等进行分析，综合考虑相关影响因素，利用三维效果预演的方式有效解决各方协同管理的难题，如图 5.1-22 所示，对车站出入口施工及精装修进度施工模拟，合理规划装饰施工组织并解决在深化设计中遗留的装饰收口收边问题。

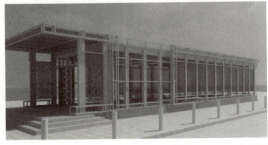

图 5.1-22　车站出入口相关施工模拟

5.1.5　BIM 与虚拟现实

BIM 与虚拟现实结合是利用 BIM 可视化软件所提供的虚拟现实功能,对 BIM 模型进行渲染,为使用者提供身临其境的沉浸式体验,在地铁机电工程施工阶段主要是展示虚拟样板间、辅助方案汇报及安全教育等。项目各参与方可在虚拟现实环境下查看方案效果,提高交底效率。

1. 虚拟样板间

轨道交通工程的施工阶段往往需要样板先行,通过现场实际施工验证和确认方案,其中以砌筑、机电管线、装饰等分部工程应用最为广泛。浸入式体验可在达到高效施工技术交底效果的同时,降低现场样板间的实施,在节约施工成本方面有较好的成效。

如图 5.1-23 所示,各专业虚拟样板间的实施,首先将模型导入具有 VR 渲染功能图形引擎的设计效果显示软件,并对模型进行一定的处理,核对模型几何信息与原模型一致性。对模型构件赋予材质纹理,设置光影效果配景、环境等,并确定所需的漫游路径和视点,漫游视点和路径应反映设计方案的整体布局、主要空间布置、重要场所等重点内容,呈现设计表达意图。最终设置文件格式、像素、总帧数、帧速等参数,将软件中的漫游文件输出为通用格式的视频文件(部分软件可将漫游视频打包生成 AVI 或可执行的 EXE 文件,可直接利用该文件进行项目汇报,而不需安装具有 VR 渲染功能的软件),保存原始制作文件,以备后期的调整与修改。

2. BIM+VR 的安全教育

施工现场利用 VR 技术模拟各类施工场景的危险源,作业人员可以身临其境地了解工地的相关安全知识和安全操作,利用 3D 建模模拟、互动程序设计和 VR 技术处理,搭建虚拟场景,结合 VR 眼镜实现动态漫游,让体验者有更加真实的感受。如图 5.1-24 所示,可以直接体验识别常见危险源及其伤害,如触电伤害、高空坠落、洞口坠落、坍塌、物体

(a)　　　　　　　　　　　　　　　　　(b)

(c)　　　　　　　　　　　　　　　　　(d)

图 5.1-23　基于 BIM+VR 的虚拟样板间展示

(a) 砌筑装修虚拟样板；(b) 供电设备房虚拟样板；(c) 卫生间装修虚拟样板；(d) 环控机房虚拟样板

图 5.1-24　BIM+VR 安全教育展示

打击、火灾等，多次体验可提高作业人员安全意识，降低施工现场安全事故发生的概率。

5.1.6　BIM+3D 打印应用

3D 打印是一种以数字模型文件为基础，运用粉末状金属或塑料等可黏合材料，通过逐层打印的方式来构造物体的技术，就成型方法方面来说属于快速成型，其实质是增材制造技术。具有比传统建造模式节约成本和时间且更加环保等优点。地铁机电装修施工中的 3D 打印，主要是打印出复杂区域的施工管线实体模型，打印特殊装修造型材料等。

1. BIM 与 3D 打印集成优势

定制个性化：未来，地下空间可以在极大程度上发挥更具特色的建筑设计。

造型奇异化：更多造型奇异的建筑物将被建造出来，而不受成本的限制。

模型直观化：3D实时打印的建筑模型谁都能"看懂、看透"。

建造绿色化：打印所用材料将使用建筑垃圾等废料，建造过程将大大减少噪声与环境污染，真正实现建造绿色化。

成本减少：部件拼装等新型施工方法将减少大量的劳动力，节约人工成本；建造时间地大大缩短会节约大量的人工成本；建筑材料使用废料将大大减少材料的成本。总体来说可以节约建筑材料30%~60%，工期缩短50%~70%，建筑成本节省50%以上。

2. 3D打印实施流程

选择合适的3D打印机，设置好3D打印机使其处于工作状态，从打印软件中将BIM模型导出STL格式文件，再由Cura软件将STL模型文件转成GCODE文件并复制入SD卡，将SD卡插入3D打印机运行成型。

基于BIM基础的三维模型，通过3D打印技术可以将虚拟模型转化为现实产品，应用于建筑部品、构件生产。3D打印技术因其巨大的潜在价值被寄予厚望，被称为"具有第四次工业革命意义的制造技术"。

5.2　基于BIM的数字化加工应用

工厂化建造是未来绿色建造的重要手段之一，在轨道交通工程中运用BIM技术提高构件预制加工能力，如钢筋、机电设备、管道、连接件、支吊架等频繁使用的产品，和产品集成度要求较高的产品，如各种类型非标准构件等。采用数字化加工技术提前预制，有利于降低成本、提高工作效率、提升建筑质量等。

5.2.1　数字化加工的深化设计

数字化加工的深化设计是指在BIM模型的基础上，校核施工现场实际条件及产品真实信息，根据加工、安装及运输要求，对模型进行模块化分段、编码及细部处理，最终形成机电产品加工模型，通过模型导出加工所需的清单和加工图纸，以进行构件的加工、生产和运输，从而提高施工质量、缩短现场施工周期、减少作业成本管理、改善作业环境。

1. 数字化加工管理系统

如图5.2-1所示，基于BIM的数字化加工管理系统图，是将深化设计、预制加工、材料管理、物流运输、现场施工等各个工作流环节有效链接，以BIM平台为核心，实现多参与方协同合作，提高项目管理工作效率。

2. 测量校核碰撞检查

将需要预制加工的模型导入Revit、MagiCAD、Fabrication等软件进行专项需求型加工修改，经Navisworks软件进行模型的二次碰撞及调整后，通过DXF格式导入Inventor、Catia、Pro/E等制造业领域专业软件并进行构件设计及管线分段图纸处理。

3. 制作数字化加工图纸

预制技术内容中最关键部分即是加工图纸，图纸深化是决定预制装配工作成败的关键因素之一，如图5.2-2所示，在机电深化设计模型的基础上，依据预制加工界面、预制厂商产品参数规格建立机电产品预制加工模型。再根据专项施工方案、施工工艺和技术标准规范对机电产品加工模型进行细化处理，依据厂家产品库进行分段处理，将模型导入到

教学单元5　BIM在施工阶段的应用

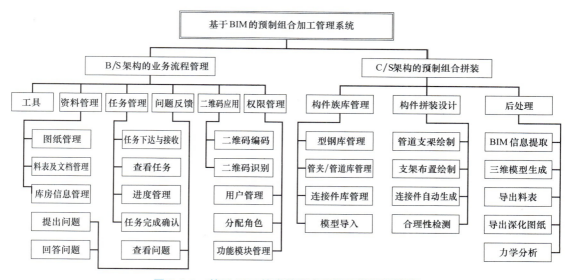

图 5.2-1　基于 BIM 技术的数字化加工管理系统图

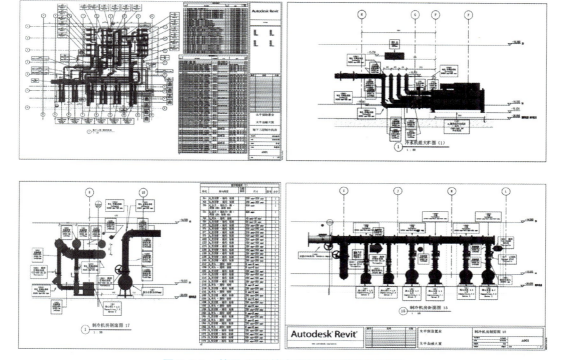

图 5.2-2　基于 BIM 技术的机房预制加工图纸

Inventor 软件中制作预制加工图纸，根据组装顺序，在模型中对所有管道进行编号，并将编号结果与管道长度编辑成表格形式。编号时，在总管和支管连接处设置一段调整段，以防止施工现场结构、测量的误差所造成的安装困难问题。最后将带有编号的三维轴测图与带有管道长度的表格编辑成图纸并打印。

从机电加工模型导出数据，完成编码标注后，生成预制加工图及配件表，经施工、加工人员复核后，进行加工生产。完成构件加工后，对质检合格的产品进行预拼装，确保构件间可组成完整系统，将满足要求的构件入库，按进度要求派送至现场安装。

4. 数字化放样测绘

现场数字化测绘可以保证现场能够充分实现按图施工，将模型中的管线位置精确定位到施工现场，利用全站仪附带的插件在 CAD 和 Revit 软件中对需测量管线进行标点，将修改后的 CAD 文件传入放样管理器，完成准备工作。通过放样管理器与机器人全站仪配合使用，在机电应用中实现测量的高精度性，在施工现场通过全站仪可测得实际建筑的一系列现场测绘数据，调整模型数据，数据传回企业内部数据中心，经计算机处理可获得 BIM 模型与现场实际施工的准确误差，并保证误差值在±1mm 范围内，根据差值对 BIM 模型进行相应的修改调整，使模型与现场保持一致，为 BIM 模型机电管线的精确定位深化设计打下坚实基础，也为该预制加工配件的定位安装提供了有效保证。

5.2.2 基于 BIM 的钢筋集约化预制加工

根据土建工程施工特点，为解决钢筋工程翻样易出错、生产效率低、材料损耗大、过程难管控、发展水平有限的缺点，按照信息集成、设备集控、资源集约的总体思路，提出一种基于 BIM 技术的钢筋数字化建造新模式，包含钢筋 BIM 翻样智能化辅助系统、钢筋 BIM 云管理系统等系列成果，实现钢筋加工的智能化翻样、集约化加工及信息化管控。

1. 高效 BIM 协同翻样技术

在钢筋翻样中采用 BIM 三维与钢筋基础数据库的结合，以全流程应用为目标，进行组建开发，建立适用于钢筋翻样 Tekla 软件的模型标准，实现智能数据传递。在基于钢筋翻样辅助系统标准化、系统化应用的基础之上，如图 5.2-3 所示，编制企业内部基于 Tekla 建模软件的《钢筋工程 BIM 协同翻样建模标准》和《钢筋工程 BIM 协同翻样指导手册》，精准化建立各站点钢筋信息模型，使得钢筋 BIM 翻样技术在城市轨道交通工程中的具体实施时有标准可依、有方法可寻，为协同分工、合理组织提供了新的工作思路和方法，实现三维平台下的高效协同与精确化翻样，从源头上解决了翻样手段有限、错误率高、原材料利用率低、变更适应性差等问题。

(a)

(b)

图 5.2-3 基于 BIM 的钢筋高效的钢筋翻样技术（一）

（a）钢筋工程 BIM 协同翻样建模标准；(b) 基于 Tekla 的桩基础钢筋建模

教学单元5　BIM在施工阶段的应用

(c)　　　　　　　　　　　　　　　　　(d)

图 5.2-3　基于 BIM 的钢筋高效的钢筋翻样技术（二）

（c）钢筋翻样 BIM 模型；(d) 应用 BIM 模型进行工厂数控加工

如图 5.2-4 所示，采用 Tekla 作为平台软件，对软件基础数据进行本地化定制，在基本建模功能的基础上，针对工程中不同构件和钢筋类型的构造特点，分别编写独立的参数化组件程序，程序内置规范，结合实际施工需求，实现钢筋自动、快速、精准建模。在大幅提高建模效率的同时，参数化驱动方式还能更快应对设计变更，为后续加工配送及绑扎钢筋的总体有效管控，提供精确的数据基础。

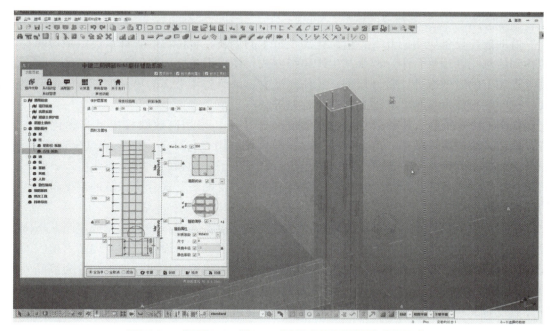

图 5.2-4　基于 Tekla 的 BIM 钢筋高效翻样辅助系统平台

2. 钢筋 BIM 信息化管理系统

如图 5.2-5 所示，利用云管理系统，将钢筋分为料单管理、生产管理、半成品管理三大版块，信息化集成于管理平台中，覆盖整个钢筋工程的业务流程，确保信息的唯一性，实现钢筋信息的追本溯源，解决进料、堆料、找料混乱等问题，有追溯性地进行材料库存盘点管理，避免集中加工信息的交接缺失等一系列现场问题，达到高效管控的目的。

生成常规料单的数据上传至云管理系统，系统自动进行解析，管理人员与生产加工作业人员均可在构建料单中管理与查看，并根据需要下载工料单，用于加工生产或保存归档。利用工料单，系统可自行分拣打包半成品，以实现自动化信息解析，使数据交换更为便捷。

钢筋工程 BIM
云管理系统介绍

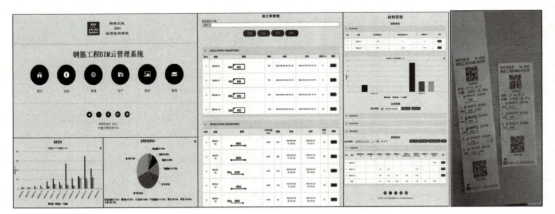

图 5.2-5　某地铁项目钢筋 BIM 云管理系统及工联单应用

3. 钢筋集约化加工技术

借助数控设备应用的开发、信息化加工技术的创新，将传统的管理重点由烦琐的现场转移到信息化管理平台中，改变其生产组织方式，使得设备之间协同生产，提高产能，解决常规加工的时效率低、管理烦琐、工作强度大、缺乏整体考虑的单件加工造成钢筋损耗大、标准化程度低、生产管理方式适应性差等缺点。

如图 5.2-6 所示，某项目部建立集约化加工中心，采用高效数控机械、优化设备配置，提高了协同生产效率，降低劳动强度，最大化利用设备产能。配合信息化钢筋管控，提升钢筋加工管理水平，改善生产力的组织，开发出了一种新的钢筋工业化生产方式，以实现基于数控设备的批量加工生产、零件半成品的"自助餐"式分拣、各加工设备之间的协同生产等。

根据项目钢筋含量、场地、工期等基本情况进行设备匹配，确保能完成生产又不闲置设备，以生产单元为最基本的、不可再拆分的生产要素，包含设备选型、设备占地、人员配置、每班产能、每班成本以及每班效益等基本内容。将钢筋半成品加工细分为箍筋生产单元、板筋生产单元、大料弯曲生产单元、大料剪切生产单元、大料锯切套丝生产单元等。通过研究各生产单元，实现加工设备的合理化配置，确保最大的投入产出比。

4. 集约化钢筋半成品加工配送管理

在钢筋信息传入系统后，自动划分构件加工任务，加工队伍接收加工单，逐条加工并挂上标签，加工单上所有任务都完成后，进行登记。根据现场施工进度与施工顺序提出加工需求，将构件划分到配送批次中，生成配送单，并在系统中可根据配送单与加工单间的逻辑关系，查到配送单上的钢筋是否已加工完。半成品装车时，构件任务按照构件信息

图 5.2-6　某项目 BIM 钢筋集约化加工中心

对应的生产单元堆场找到构件包装车；零件任务则根据零件标签数量在对应的零件半成品堆场中清点并悬挂零件标签后装车，最终按照配送单核对无误后运输至施工现场。

5.2.3　机电管线及配件预制加工

机电工程应用数字化预制、预加工的构件包括：风管及配件成品、半成品、联合支吊架、综合管道等。如风管预制加工中，施工单位按施工进度提前制定风管及零部件加工制作计划，根据设计图纸、BIM 辅助文件与现场测量情况结合风管生产线的技术参数绘制通风系统分解图，通过专业软件将深化设计完成后的模型转成装配图，并编制风管规格明细表和风管用料清单交生产车间实施，在预制工厂完成半成品风管的加工，并分类做好标识并悬挂标签工作，在标签上标识好楼层、系统编号、管段编号及最终安装位置附近纵横轴线，以实现工厂化预制、物流化运输、装配化施工。

1. 预制加工的特点

机电管线预制安装采用"场外加工、场内安装"的工厂预制加工技术，其特点是：流水化生产——加快风管加工速度；工厂化预制——提高风管制作质量；场外加工——减少场内加工场地。预制好的半成品运输到现场后，由现场工人根据标识及标签完成装配化安装，预制件标识要贯穿整个预制过程，预制的图纸与资料也要及时完成配套，在预制件送到现场装配的同时，将其图纸和资料送至现场，以便复查和资料汇总，其中半成品支架由专业支吊架厂家进行预制。

2. 机电管线预制加工应用

利用 BIM 模型对机电管线进行配件定位、分段切割、编码等，同时导出含有模型数据信息的表格，按照专业划分导出管段图，发送给加工厂辅助加工，预制件按照施工进度安排分时间段预制加工、进施工场地，施工人员按照管道上的编码组装施工，无需在作业楼层加工，减少施工人员往返楼层的时间和塔式起重机使用时间，提高施工效率。通过对机房泵组工厂化预制、风管管道工厂化预制加工、非公共区域支架预制加工等能很好地提高施工效率。工厂化预制效果如图 5.2-7 所示。

构件预制和拼装加工技术

(a)

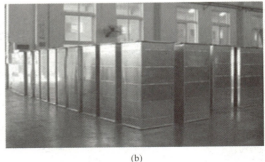

(b)

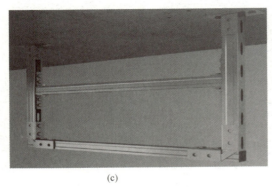

(c)

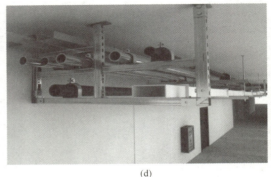

(d)

图 5.2-7　基于 BIM 的机电模型预制加工效果

(a) 泵组预制加工；(b) 风管预制加工；(c) 立管支架预制加工；(d) 综合支吊架预制加工

基于 BIM 模型的预制加工，能有效地解决关键复杂区域现场机电安装的条件受限、机电系统复杂、安装要求高等问题，满足了工程建设绿色化、高效化的要求，在精确装配、精确计划、节约造价、提升效益等方面起到了巨大作用。

3. 装配式机电设备房应用

基于 BIM 的机电设备房预制加工是项目绿色建造、装配式建造的示范，以车站空调制冷机房为例，加工内容主要包含：冷冻（却）水管道、泵组、镀锌铁皮风管和消防水管道等，将阀部件、冷水机组、水泵、空调机、冷却塔等设备进出口管段进行组合，解决管件多、焊口多、现场施工场地相对狭窄、交叉作业频繁等问题，构件在预制厂内预制焊接，再运输至现场组合安装，在保障进度的同时，大幅度提升现场施工环境，减少安全事故的发生，保护狭小空间内作业人员健康。预制机房单元、阀部件预制组合如图 5.2-8 所示。

首先，细化预制构件加工模型，在深化设计模型中增加构件编号、模具、生产工艺、运输及成品保护等加工工艺，形成机电预制构件生产模型。对模型进行拆分，生成清单数

教学单元5　BIM在施工阶段的应用

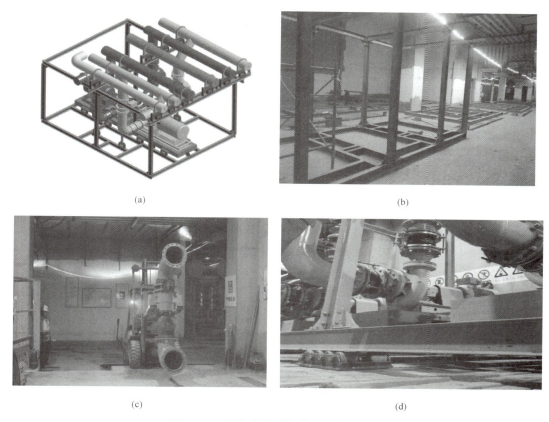

图 5.2-8　机电装配式机房预制加工应用

（a）预制模块 BIM 模型；（b）钢结构支撑模块加工；（c）预制管道现场运输；（d）预制模块运输安装

据，包括管道、阀门、泵组等参数信息。其次，通过预制构件信息化管理平台管理构件的加工，采用物联网技术采集构件的信息，实现 BIM 技术与物联网技术的集成应用。最后进行物联网平台管理，上传 BIM 模型，打印预制加工二维码，植入 RFID 芯片进行预制加工生产与装配的过程管理。如图 5.2-9 所示，装配式机房模型与现场实际安装对比。

各项目部将建好的 BIM 模型上传到 EBIM 平台，在某个预制构件完成后，构件加工

图 5.2-9　机电装配式机房预制加工模型与现场应用对比

· 123 ·

厂的负责人通过 EBIM 平台打印需要的构件二维码，并和芯片完成信息的绑定，绑定完成后平台端即记录该构件已经加工完成。将打印的二维码粘贴在构件表面，有源 RFID 芯片通过螺栓拧在构件的预留螺栓孔上。

加工完成的构件在粘贴好二维码和芯片后发往附近的堆场，堆场大门口处装有接收器，平板车上的构件芯片会自主发送信号给接收器，接收器在第一次收到信号时就会记录该批构件已经进入堆场。当构件厂堆场根据项目需求进行发货时，平板车上的构件芯片同样会发送信号给大门口的接收器，接收器第二次接收到信号时则会记录该批构件已经拉出堆场，将运至现场组装。

5.3 基于 BIM 的施工技术管理应用

基于 BIM 的施工技术管理是指施工过程中的辅助进行现场技术管理，主要体现在图纸会审、技术资料管理、技术变更管理及技术交底管理四个方面，利用项目自行开发的 BIM 平台或第三方项目管理平台，保障设计人员、技术管理人员的沟通，提高沟通效率，提高技术管理水平。

5.3.1 图纸会审管理

BIM 模型下的图纸会审管理主要是利用城市轨道交通工程设计阶段建立的设计模型进行三维可视化会审，可充分发现图纸遗留问题，减少因图纸问题造成的工期拖延等，直接输出施工模型、施工图等成果文件，确保施工过程顺利进行。

1. 基于 BIM 的图纸会审重点及流程

在图纸会审前，将会审过程中需要重点讨论部位的 BIM 模型提前做轻量化处理，其主要应用流程如图 5.3-1 所示，在模型数据库中提取该区域设计方案，提前通过 Revit 模型进行深化设计及问题对比，通过导入至 Navisworks 或 Fuzor 软件中进行效果仿真。如在土建工程中，通过对特殊通道细部节点的设计意图进行表述，会审前设计人员与施工人员基于三维模型沟通，提出初步解决方案，在图纸会审会议中将平面图纸提出的问题进

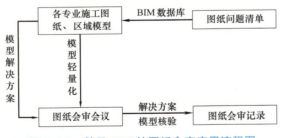

图 5.3-1 基于 BIM 的图纸会审应用流程图

行三维效果的检查和演示，在模型中再对具体问题进行方案讨论，最终在会审记录中通过"文字＋三维"形式确认。

2. 图纸会审应用方法

基于 BIM 的图纸会审，事前由建设单位负责对图纸问题进行梳理，各参建单位熟悉设计图纸模型、领会设计意图、掌握设计特点及难点，找出需要解决的技术难题并拟定解决方案。如图 5.3-2 所示，在软件中知道设计图纸尺寸是否正确、了解各构件间碰撞等问题，通过项目筛选，再结合地铁施工规范，最终确定是不是设计图纸问题。云检查共查出主体结构有 29 个问题，经审核，18 个为存在问题，梳理归档后进行图纸会审及变更。

教学单元5　BIM在施工阶段的应用

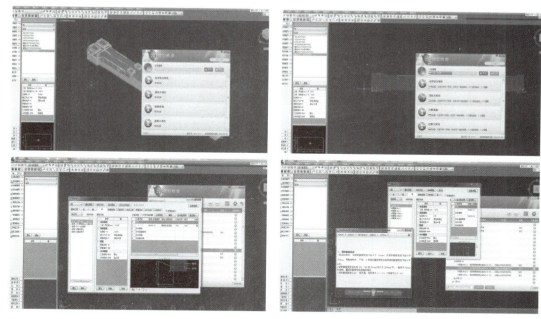

图 5.3-2　地铁机电工程图纸问题三维模型

各专业人员在 Revit 软件查看模型、熟悉图纸的过程中，发现设计问题后，要依据施工图设计模型，将设计问题以模型加图纸的形式进行汇总。在完成设计图纸和施工图模型的修改后，通过软件的碰撞检查功能，进行专业内以及各专业间的模型碰撞检查，核查图纸问题，最终完成图纸问题消缺，这项工作与深化设计工作可以合并进行。如图 5.3-3 所示。

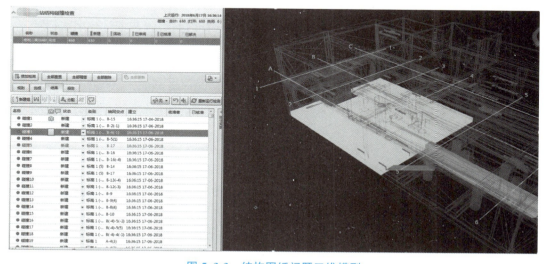

图 5.3-3　结构图纸问题三维模型

将三维模型作为多方会审的沟通媒介，在多方会审前将图纸中出现的问题在三维模型中进行标记，会审时对问题进行逐个的评审并提出修改意见，可以大幅度提高沟通效率。会议形成规范式的会审记录，设计单位根据会审记录和有效的变更文件进行 BIM 更新。

施工单位依照设计变更后的 BIM 深化施工设计，组织技术交底。如图 5.3-4 所示，最终将图纸问题修改的结果通过三维形式进行表达，形成会审记录。

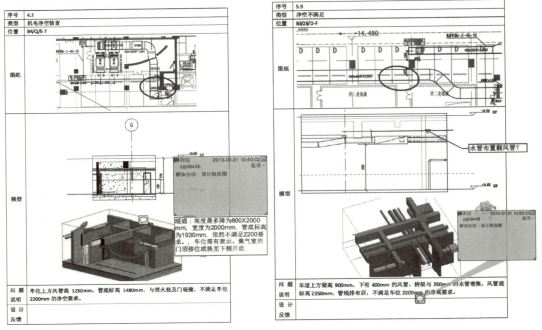

图 5.3-4　基于 BIM 的图纸会审记录

5.3.2　技术资料管理

基于 BIM 的技术资料管理主要是利用 BIM 云协同环境，对技术资料进行规范化存储，为项目工程人员提供技术资料共享平台，对技术资料内容、版本进行详细的记录。

1. 资料管理 BIM 云平台

目前，建设工程项目中基于 BIM＋互联网技术的工程资料管理系统种类较多，按管理信息的颗粒度，可分为文件级（如 Bentley Project Wise，Autodesk Vault）和内容级（如 Autodesk BIM360，Viewpoint）；按技术架构方式，可分为基于点对点式文档管理工具（如社交工具、公共邮箱）、基于私有云架构的文档存储工具（如 Autodesk Vault，Buzzsaw，Bentley Project Wise）和基于公有云架构的文档存储工具（如 Box、亿方云等）。

某地铁线路基于私有方的项目工程档案管理系统

在城市轨道交通工程项目中常用到的是：基于私有云框架的文档存储工具。企业可根据自身条件及需求选择自行搭建项目私有平台或选用国内主流平台（如广联达协筑云、Teambition 项目协作平台等）。如图 5.3-5 所示，为某地铁项目基于鲁班软件，针对不同人员在平台使用功能的需求，其框架可分为文件引擎层、数据引擎层、图形引擎层、应用引擎层和访问层五个维度。

其中文件引擎层提供基础的文件上传、下载服务，以及权限管理和版本管理等，实现技术资料可控地分享和唯一数据源；数据引擎层负责将模型和图档进行轻量化和结构化处理，并对技术资料数据实现分布式存储；图形引擎层提供给用户通过浏览器和移动端可视化地查看各种技术资料（如工程图档文件和模型）的功能；应用层包括工程项目管理、组织架构设计、项目成员管理、任务关联、消息通知以及项目动态展示，可针对项目各参与方技术资料的流转进行定义；访问层面向终端用户，提供给用户WEB端移动端和桌面端的访问入口，并要提供用户认证、单点登录、权限控制等功能，便于用户通过多种方式进行资料的共享。

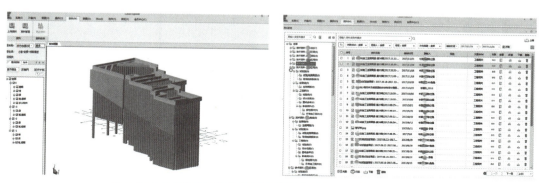

图5.3-5　某地铁项目基于鲁班软件的项目工程档案管理系统

2. 技术资料系统的应用方法

技术资料管理系统的基本功能是资料分类存储、权限控制、文件共享及BIM元素识别功能，以国内较为流行的广联达协筑云为例，其应用主要步骤如下：首先搭建资料管理环境，在平台内创建项目环境，并建相应的文件夹树，每个项目参与方创建独立的文件夹，并预留一定的共享文件存储空间。再为项目团队分配权限，为每一个项目团队分配一定数量的账号，并设定不同角色，对不同文件夹的访问权限，各参与方只可在相应的权限范围内对文件操作，明确上传流程、审核流程、上传清单、上传内容和存储位置。在项目前期，应统一技术资料的命名规则，标记不同版本、时间，随着项目的推进，及时将相关资料上传到相应文件夹。最后进行资料审核及归类。

由专门的资料管理员定期对平台中技术资料进行审核，处理不符合要求的资料，并将所有技术资料归类，项目结束后，纳入企业技术资料管理库进行存档。如图5.3-6所示。

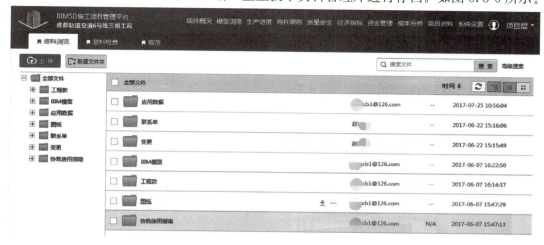

图5.3-6　某地铁项目基于广联达协筑云系统的技术资料管理

5.3.3 技术变更管理

轨道交通工程施工建造系统复杂、时间跨度大、不可控因素多，各种不可预知情况将带来项目的变更，在当前施工过程中，项目变更是常见现象，利用BIM技术，可建立变更后的模型，将变更后的技术方案、进度调整、工程量清单与模型重关联，可准确、快速评估变更对项目进度、技术、质量、成本产生的影响，事先确认，基于模型进行汇报，可提高信息传递效率和准确性，有助于快速做出决策，降低变更带来的风险和不必要的纠纷。

1. 基于BIM的变更处理程序

从施工方角度来讲，在接收变更资料后，首先应按变更内容积极做好相应组织、方案的调整，制定项目变更施工方案；其次应利用BIM模型说明和评估项目变更对现有施工技术、进度、造价等方面的影响，制定相应的洽商报告，做好变更的认定工作，变更实施后，将变更后的信息录入BIM模型。在施工过程中，根据变更类型，辅助设计进行变更流转，如图5.3-7所示的变更流转流程图，为项目建设阶段的主要处理程序。利用BIM模型对变更和洽商进行预检，以判断变更所需的时间，并提交相应的预检报告，说明所涉及的变更改动，预估工程量，做好变更认定工作。认定后的变更文件、洽商文件和图纸相关信息录入BIM模型，将模型更新与最新的设计文件或施工情况一致，并对相关文件资料进行编码，集中存储变更资料，保证变更的可追溯性。

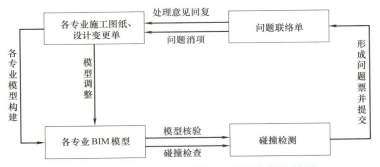

图5.3-7　基于BIM的地铁项目设计变更流转图

2. 基于BIM的变更应用方法

基于BIM的变更管理应用步骤如下：首先，进行变更可视化的转换，按变更文件修改原设计模型，比对变更前后模型，初步评估对施工的影响。其次，将变更后模型导入Navisworks软件，并与其他专业模型进行集成，通过三维可视化模型核查变更对各专业的影响。再根据变更制定相应的变更方案，如对工期、工程量有影响的，调整进度计划、工程量清单，并将相应计划、清单与模型重关联，生成相应的方案模拟，导出相关视口、清单和视频等直观性证明材料，通过三维BIM模型更加准确说明相关问题，直接显示相关区域BIM模型、二维图纸、现场照片，生成问题联络单，并提交至项目总承包管理单位，总承包管理单位对问题联络单进行筛选，将相应解决方案反馈给BIM小组，将总承包管理单位无法协调的问题整理后报送业主及设计院，由业主或设计院给予答复并反馈，最终由各参与方签字确认，将最终解决流转单由总承包管理单位和BIM小组分别留档保存。确认后再通过BIM三维可视化的形式将拟变更预检报告、视频提交给监理和建设方进行审核、确认后签署变更令。最终，各项目部依据变更令实施相应变更，并对变更实施情况做好记录，将变更资料与模型进行关联，作为变更索赔的依据。

5.3.4 技术交底管理

传统项目的技术交底通过文档、图纸的方式往往比较抽象，对技术的要求不能完整表达，基于 BIM 的技术交底可通过模型、视频、三维图等方式对施工过程和要求进行详细地描述，提高沟通效率和交底效果，使施工人员尽快掌握技术要求，按方案施工，提高施工质量。

1. 基于 BIM 的技术交底重点及流程

基于 BIM 的技术交底实现的关键是企业（项目）要认识到 BIM 三维交底的优势，让 BIM 技术交底得以充分落地和延续。施工前，技术人员根据交底内容建立相应的 BIM 模型，将相关操作步骤、技术要点、验收要求在模型进行体现，并利用模型视口辅助制定交底文档；交底过程中，将施工 BIM 模型投射到屏幕，就模型讲解各项技术参数，施工人员通过交底反馈意见，使工程人员了解详细的施工步骤和技术要求，确保施工质量。企业建立自身的技术标准库，根据企业质量验收标准和工艺标准要求，建立施工工艺库，在模型创建后，可将工艺库内容链接到建筑信息模型中，便于技术交底施工实施、质量验收过程中直接调用。

企业（项目）实现基于 BIM 的技术交底，主要流程如图 5.3-8 所示，可选用 Revit 模型创建技术交底模型，导入 Navisworks 后进行模型的浏览和技术方案的展示。首先根据交底内容要求利用 Revit 建立相应的交底模型，结合施工流程对所建模型进行拆分，并体现主要的施工节点、所使用的工具和技术要求；再将所建立的 BIM 模型导入 Navisworks，对模型进行必要的剖切标注处理，根据施工要求设置主要步骤的节点，并保存相应视口，利用 Navisworks 模拟施工工艺，并导出为工艺动画，利用模型视口、动画导出

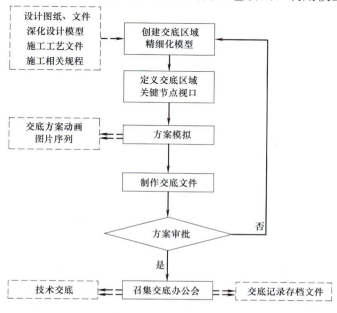

图 5.3-8　基于 BIM 的技术交底应用流程图

的图片辅助制作交底文档，并利用形成的资料进行 BIM 技术交底，交底文件通过审批后实施项目技术交底。

2. 基于 BIM 的技术交底应用方法

首先整理施工图纸，通过 Revit 建模，再进行碰撞检查模型，形成问题清单，提交项目技术人员，在模型调整、核验后，通过设计、施工技术交底，减少返工，节省工期，使项目施工衔接更为流畅。将各个专业的模型整合后，可视化展示，使得业主、设计、监理、项目部单位都可以更直观全面地讨论图纸或施工产生的问题，直观快捷地确定优化方案，减少因信息传达错误而给施工过程带来的不必要的问题，从而提高沟通效率。

同时，通过 BIM 进度模拟、进度管控为实现限额领料、消耗控制提供技术支撑。大大减少了资源、物流和仓储环节的浪费，通过虚拟建造过程模拟，提前发现后期真正施工阶段会出现的各种问题，提前处理、减少返工。有效地避免了绝大部分因图纸问题而产生的返工，从而节约了工期；解决了施工过程中产生的技术问题，大大提升了工程施工质量；提升了工程信息化管理水平；获得更高质量、更加完整的施工文档，为今后的 BIM 应用积累了经验和数据；为企业加强 BIM 对项目信息化和精细化管理等关键技术的创新研究，实现 BIM 技术的可持续发展，打下良好的基础。

5.4 基于 BIM 的施工进度计划管理应用

施工进度管理中一方面应用 BIM 技术辅助进行总进度计划和项目实施中分阶段进度计划的编制，同时进行总、分进度计划之间的协调平衡，直观、高效地管理有关工程施工进度的信息；另一方面，支持管理者持续跟踪工程项目实际进度信息，将实际进度与模拟进度动态跟踪、可视化对比，预测施工进度趋势，为项目管理人员采取纠偏措施提供依据，实现项目进度的动态控制。

5.4.1 进度计划编制

项目施工总进度计划纲要作为重要的纲领性文件，其具体内容应该包括编制说明、工程项目施工概况及目标、现场现状和计划系统、施工界面、里程碑节点等。编制总进度计划之前，要收集项目设计资料、工期要求、参建单位、人员物料配置、项目投资、项目所处地理环境等信息。总体进度计划由总承包管理单位按照施工合同要求编制，合理地将工程施工任务分解，根据各参建单位的工作能力，制订合理可行的进度控制目标，在总进度计划纲要的要求范围内确定项目里程碑节点计划、开始时间和完成时间。

1. 进度计划编制重点

总承包管理单位在明确施工目标和施工内容后，根据经验，经过工作结构分解确定各工序的施工顺序、持续时间，制定总体的施工进度计划，然后由各项目部在总体计划的基础上根据材料、资源、技术等情况进行反馈，制定各分项工程详细的计划，基于 BIM 的进度计划编制可将进度与 BIM 模型、相对应的资源进行关联，以可视化的方式提前呈现施工过程，及时发现可能存在的问题，项目部、供货商、监理可根据自身情况调整各项工序及其持续时间，再模拟后，由总承包管理单位协调，合理优化施工进度，减少错误，提高进度计划合理性与指导性。

在城市轨道交通地铁工程进度计划编制的同时还应考虑到模型数据存储的不同方式，在编制进度计划时，按照整体工程、单位工程、分部工程、分项工程、施工段和工序，依次将完整的施工工作分解为多个互相关联的若干模块，对应的模型做区域划分，并估算该节点的施工工程量，在模型中附加相关定额信息。

2. 进度计划评估与审查

进度计划编制完成后，需要关联项目 BIM 模型与进度，对进度计划的可行性与合理性进行模拟评估，并对施工过程进行三维可视化展示，结合软件碰撞检测功能，寻找各道工序在时间、空间中存在的碰撞。确认方案可实施后，分析得出相应进度方案所需工程量及配套的人员、机械及资金，并进一步利用 Navisworks 等软件模拟优化进度方案，确保满足进度要求和现场资源、环境的制约要求。

阶段计划编制是对经过优化和审核的总体进度计划进行总控计划交底，协调各阶段施工关系，并将总体计划下发给项目部，由各项目部在总体进度框架下细化形成阶段性计划，阶段性计划编制方法与总体进度计划基本一致。在进度计划审查会议上进行进度计划的协调工作，利用施工模拟、流线图等方式辅助沟通，减少各方的理解歧义。当各方对进度计划确认无误后，将相关表单进度计划模拟成果提交项目，对比分析。如图 5.4-1 所示，分别编制项目全线车站 BIM 工作进度计划，再根据总计划编制车站内分部分项工程的进度计划。

图 5.4-1　项目全线车站 BIM 深化设计节点计划安排

5.4.2　施工进度模拟

基于 BIM 的施工进度计划模拟也常被称为"4D 施工进度计划动态模拟"，它将整个工程施工进程以 4D 的方式直观地展示出来。项目管理人员在可视化环境中查看各项施工作业，可以更容易地识别出潜在的作业次序错误和冲突问题，可以更有弹性地处理设计变更、工作次序变更、判断建造可行性问题和分析相关资源分配，可以实现施工进度、资源、成本及场地信息化、集成化和可视化管理，从而提高施工效率、缩短工期、节约成本。

1. 进度计划模拟重点与分类

根据不同区域进度模拟需求，由 Revit、Tekla、MagiCAD 软件建立的模型与进度计划工具排布计划结合，利用整合软件 Navisworks、Ianovaya、Synchro 等模拟模型与进度关联，再利用 Revit 模型导出明细表，导入 Excel 中估算工程量，利用进度计划工具进行最终的进度计划编制。如图 5.4-2 所示，Navisworks 软件中利用 TimeLiner 功能进行进

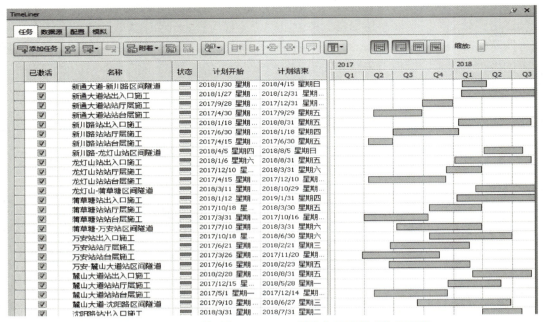

图 5.4-2　Revit 模型在 Navisworks 软件中车站进度计划模拟

度模拟。

根据需要在原有施工图模型中修改、简化进度模拟所需基础模型，可分为体量模型、简化模型与多专业整合模型。其中体量模型适用于粗略的计划模拟，按照进度计划划分的工作面进行建筑体量的建模，输入进度计划参数进行匹配，清晰表达工作面，并与施工总体方案中的施工内容相匹配，合理拆分 BIM 模型，确保每项工作有相对应的模型对象，如图 5.4-3 所示，将体量模型与整条地铁线路的工程总进度关联，按月进行进度模拟，该进度计划模拟仅针对车站、区间的整体性推进情况，项目各参与方管理层领导统筹施工进度的推进，对施工现场资源调配做出精准决策。

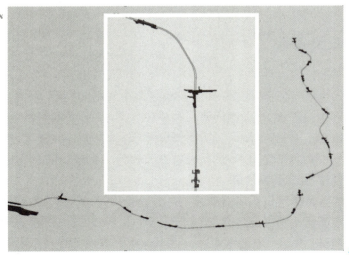

某地铁线路
施工进度模拟

图 5.4-3　地铁工程项目整体进度计划模拟

当进度模拟精度要求较高时,可使用简化模型进行模拟,在体量模型的基础上进一步反映项目的特征参数,在模拟过程中展示主要过程的建造细节,如左右线区间隧道进度、车站站厅层、站台层、附属出入口施工作业面的总体进度情况。当有需要时,可利用后期软件进行局部区域的精细化反应,该进度模拟可使业主方管理人员、总承包单位管理人员和项目部领导层对比管控具体车站施工进度情况。

当需要反映局部工作的详细进度时,可直接沿用施工图模型或深化设计模型,在既有模型的基础上进行表达上的细化。集成多专业模型,如图 5.4-4 所示,将车站机电安装 Revit 模型导入 Navisworks 软件中模拟进度,按不同软件设置不同的匹配规则,所有模型特征点均要确定明确的基准点。根据项目对总体进度的要求,确定项目开始时间、竣工时间及其他标志性节点,通过进度计划模拟需求,按照区域、专业、部位等方式提前选择,并确定一定的匹配规则,将 BIM 模型和进度计划进行关联,例如 Navisworks 的模型与进度计划关联,可按构件、按任务类型等多种自动匹配方式,在具体操作过程中,可先采用自动匹配关联,再针对关联失败的部分进行局部手动关联。

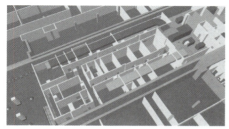 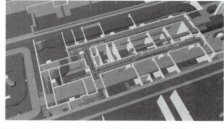

图 5.4-4　地铁机电安装工程 Revit 模型导入 Navisworks 的进度计划模拟

机电工程详细
进度模拟

2. 进度计划模拟方法

在支持基于 BIM 施工进度管理的模拟软件工具中,以车站工程为例,4D 施工进度计划模拟过程中,建筑构件随着时间的推进从无到有动态显示。当任务未开始时,建筑构件不显示;当任务已经开始但未完成时,显示为 90% 透明度的绿色(可在软件中自定义透明度和颜色)或不显示;当任务完成后就呈现出建筑构件本身的颜色,如图 5.4-5 所示。在模拟过程中发现任何问题,都可以在模型中直接修改。

当施工进度计划出现偏差需要修改添加刷新时,可以首先调整项目 Project 中具体施工名称进度计划的数据源;然后在 Navisworks Management 中对数据源进行刷新操作,既能够实现数据刷新功能快速的联动修改,又不需要重复的导入和关联等工作,大大地节约人工操作的时间;最后,当整个工程项目施工进度计划调整完成后,项目管理人员再用 TimeLiner 模块的动态输出功能,将整个项目进展过程输出为动态视频,以更直观的方式展示建设项目的施工全过程。

5.4.3　施工进度控制

基于 BIM 的施工进度跟踪分析的特点包括:实时分析、参数化表达和协同控制。通过应用基于 BIM 的 4D 施工进度跟踪与控制系统,可以在整个建筑项目的实施过程中,施工现场与办公所在地之间进度管理信息可以高度共享,最大化地利用进度管理信息平台收集信息,将决策信息的传递次数降到最低,保证所做决定的立即执行,提高现场施工效

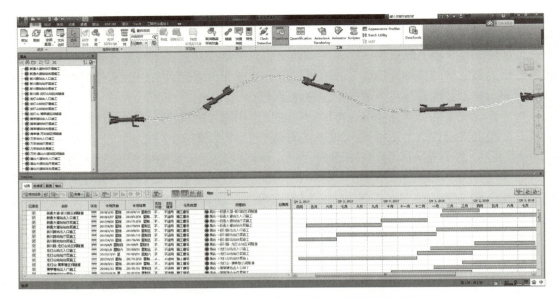

图 5.4-5　Navisworks 软件中地铁车站进度模拟界面

率,其核心工作为收集项目进度信息和对进度的跟踪控制。

1. 信息收集与分析

构建一体化进度信息采集平台是实现基于 BIM 的施工进度跟踪分析的前提。在项目实施阶段,施工方、监理方等各参建方的进度管理人员利用多种采集手段,对工程部位的进度信息进行更新。现场监控包括利用视频监控、三维激光扫描等设备对关键工程或者关键工序实时进度采集,使进度管理主体不用到现场就能掌握第一手的进度管理资料,其实现过程可分为自动监控和人工更新。

(1) 自动监控

自动监控通过 GPS 定位或者现场测量定位的方式确定建设项目所在准确坐标。确定现场部署的各种监控设备的控制节点坐标,在现场控制点不能完全覆盖建筑物时还需要增加临时监控点,在控制点上对工程实体采用视频监控、三维激光扫描等设备进行全时段录像、扫描工程实际完成情况,形成监控数据,将监控数据通过网络设备传回到基于 BIM 的 4D 施工进度跟踪与控制系统分析处理,为每一个控制点的关键时间节点生成阶段性的全景图形,并与 BIM 进度模型进行对比,计算工程实际完成情况,准确地衡量工程进度。

(2) 人工更新

如图 5.4-6 所示,根据现场进度情况,进度管理小组日常巡视的工程部位也可采用人工更新的手段对 BIM 进度模型进行更新,日常工作中,进度管理小组携带智能手机、平板电脑等便携式设备进入日常巡视的工程部位,小组人员利用摄像设备对工程部位拍照或摄影,并与 BIM 进度管理模块中的 WBS 工序关联,利用进度管理模块接口更新工程部位的形象进度完成百分比、实际完成时间、计算实际工期、实际消耗资源数量等进度信息,有时还需要调整工作分解结构、删除或添加作业、调整作业间逻辑关系等,最后通过整合各种进度信息采集方式实时上传的视频图片数据、三维激光扫描数据及人工表单数据等,施工进度管理人员可以对目前进度情况作出判断并更新进度。

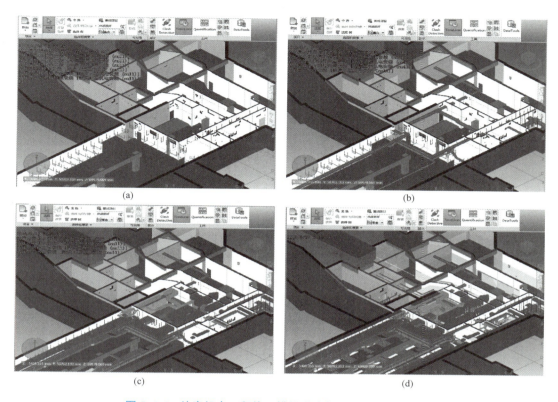

图 5.4-6　站房机电工程施工模拟进度与实际进度对比分析
（a）站房结构及支吊架施工；（b）桥架系统施工；（c）风管系统安装；（d）水系统及装饰装修安装

2. 进度跟踪与控制

在项目实施过程中，更新项目进度计划的同时，持续跟踪项目进展、对比计划与实际进度、分析进度信息、发现偏差和问题，通过采取相应的控制措施解决已出现的问题，并预防潜在问题以维护目标计划，基于 BIM 的进度管理体系从不同层次提供多种分析方法以实现项目进度的全方位分析。

BIM 施工进度管理系统提供项目表格、甘特图、网络图、进度曲线、四维模型、资源曲线与直方图等多种跟踪视图。项目表格以表格形式显示项目数据；项目横道图以水平"横道图"格式显示项目数据；项目横道图、直方图以栏位和"横道图"格式显示项目信息，以剖析表或直方图格式显示时间分摊项目数据，四维视图以三维模型的形式动态显示建筑物建造过程，资源分析视图以栏位和"横道图"格式显示资源、项目使用信息，以剖析表或直方图格式显示时间分摊资源分配数据。

利用横道图对比施工进度曲线、模型对比计划进度和实际进度，以 4D 施工进度跟踪与控制系统，实现计划进度与实际进度间对比，清晰发现建造过程中的进度偏差和其他问题，及时调配资源，协调工序，合理纠偏，控制项目进度。

5.5　基于 BIM 的工程质量管理应用

质量管理包括质量验收计划确定、质量验收、质量问题处理、质量问题分析等，BIM

技术应用于轨道交通项目施工的全过程中，主要是将质量相关工作信息串联，将质量管理形成闭环。施工过程管理是项目质量管理的核心，往往通过质量管理人员的巡查、质量验收等表单来确保工程项目的施工质量，由于质量控制信息化、协同化程度低，质量控制过程不全面、不透明，工程质量导致的安全事故频繁发生。基于BIM的工程质量管理可以通过移动端采集现场质量问题，将质量要求、质量问题上传至云端，通过三维可视化模型展示，并基于BIM模型进行质量验收，将验收过程信息通过模型集成，跟踪质量管理过程，及时解决质量相关问题，提高质量管理水平。

5.5.1 质量管理流程

轨道交通工程的质量管理是以PDCA循环方法作为全面质量管理体系的运转，其实施需要每个工作过程中严格搜集大量数据资料，并综合运用各种管理技术和方法进行控制。其中，各阶段的实施重点和实施流程对于项目质量管理的效果起到至关重要的作用。

1. BIM质量管理重点

根据确定的质量验收计划，在创建质量管理模型时，宜对导入的深化设计模型或预制加工模型进行检查和调整，针对整个工程确定质量验收计划，将验收检查点附加或关联到对应的构件模型元素或构件模型元素上。施工过程中，如图5.5-1所示，现场将BIM模型与施工作业结果进行比对验证，有效、及时地对比分析施工现场作业情况，避免质量问题的发生。此过程丰富了项目质量检查和项目质量管理的方式，将质量信息链接到BIM模型上，通过模型浏览，让质量问题能在各个层面上实现高效流转，这种方式相比传统的文档记录，可以摆脱文字的抽象，促进质量问题协调工作的开展。同时，在质量验收时，将BIM技术与现代化新技术相结合的方法，可以进一步优化质量检查和控制手段，提高质量验收效率。

图5.5-1 基于BIM模型的质量现场管理

在处理质量问题时，也可将质量问题处理信息关联到对应的构件模型元素或组合上，利用模型按部位、时间、施工人员等汇总分析，同时展示质量信息和质量问题，为质量管理持续改进提供参考和依据。不同专业的模型通过BIM集成技术进行多专业整合，结合云技术和移动技术，项目人员还可将质量管理相关资料文件同步保存至云端，确保工程文档快速、安全、便捷、受控地在项目中流通和共享。通过浏览器和移动设备能够随时

车站内实体结构漫游巡检

随地浏览工程模型、现场作业实体照片、现场质量问题处理情况、质量问题整改情况等内容，项目质量参与者根据各自的职责进行相关资料的查询、审批、标记及沟通，从而为现场办公和跨专业协作提供极大的便利。

某地铁项目
安全巡查模拟

2. 质量管理流程

在基于 BIM 的质量管理过程中，如图 5.5-2 所示，首先要收集质量管理相关资料，如施工所依据的模型、质量验收相关标准文件并录模型，形成质量管理模型。根据项目进度，制定质量验收计划，并将形成的模型和质量验收计划上传至质量管理平台（云端），进行标准化管理。质量管理人员将巡视过程中发现的质量问题上传，记录在对应的模型构件中，系统平台将质量问题推送给相关人员，督促相关问题形成闭环。针对质量验收过程中发现的质量问题进行分析，形成质量问题处理意见，将相关资料录入或关联至云端模型。施工方根据验收资料进行项目整改，将整改情况相关信息上传至模型，直至项目整体质量验收通过。

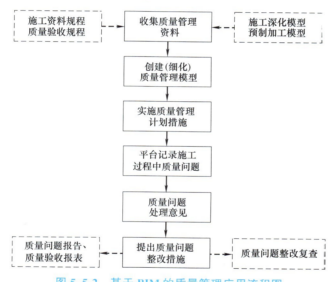

图 5.5-2 基于 BIM 的质量管理应用流程图

3. 样板管理

样板是一种"标准楷模"，基于 BIM 的城市轨道交通工程的样板管理是利用模型样板与实体样板相结合，在施工中能起到指导施工的作用。如图 5.5-3 所示，把抽象的设计要求和繁复的质量标准、规范、规程等具体化、实物化，使全体施工人员，操作人员看得见、摸得着，便于对照，是保证和促进工程质量不断提高的有力措施，是现场质量管理的重要环节之一。

5.5.2 质量管理平台

基于云技术的 BIM 质量管理应用集成平台，是以云传输为基础，提供全世界信息流通服务，支持各类移动终端设备，建筑工程常用的质量管理平台有 Autodesk BIM360 和广联达 BIM5D 平台，借助管理平台，项目所有参与方处理 BIM 业务能不受时间、地域限制，贯穿于建设工程全生命周期的设计、施工和维护阶段。

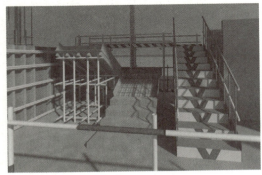 

图 5.5-3　三维质量样板与实体样板对比

1. Autodesk BIM360 平台质量管理

Autodesk BIM360 Glue 是基于云计算的支持各类移动终端的 BIM 模型数据管理解决方案，其主要具有三方面功能：一是云端 BIM 协同的数据中心，在云端整合全专业模型，浏览构件级别模型数据，实时控制错、漏、碰、缺，可直接在构件上进行标注；二是一键访问 BIM 数据，能够实时核查最新全专业综合协调模型，不需要在本地安装任何设计软件，一键访问模型信息并同步获得提醒，实现模型价值的最大化；三是保证多方软件数据互用性，实现 Revit、AutoCAD、Civil 3D 的双向工作流程，与 Navisworks 中指定的查看设置视图和冲突检测的结果通用，与外部系统的嵌入和集成。在项目质量管理实施中，为了确保 BIM 模型在移动终端高效运行，针对模型进行必要的轻量化设置，清除重复、冗余链接文件，分区、分专业分解模型，同时进行相关的视点设置。其目的是通过借助 BIM360 Glue 识别多种文件类型，利用平板电脑可以直接将 2D/3D 设计图、设备图、工作流程图带到现场，从而有效地指导现场施工和工序安排。在对施工现场进行检查时，移动设备同步记录，拍摄并添加标记和备注，使问题描述更加清晰有效。如图 5.5-4 所示，复杂结构节点、机电设备房间内的质量过程管理。

BIM360 Field 文件管理中，项目各参与方可以共享设计信息、图纸及设计变更等，同时进行文件的共享和标记；实施过程中应用"针点"功能进行问题的记录和照片上传，并将问题点连接模型或图纸，进行公司或管理方的品质保证、电子签名结算、条形码扫描等功能，并可以直接查看模型进行检查确认、现场问题的检测和报告的编制，各类模板和报告可以转换成 Excel 文件格式，与公司或管理方的项目管理系统连接。同时，问题拍照

教学单元5　BIM在施工阶段的应用

图 5.5-4　复杂结构节点、机电设备房间质量过程管理

上传功能，可有效确保信息的真实性，有利于问题解决方案的时效性。

BIM360 Field 统计表管理中，主要包含问题、检查清单、设备、作业四方面内容，系统自动统计生成，支持各种统计和图表样式，直观显示质量、安全问题的分布，按问题等级显示紧急性重大问题的数量，便于制定针对性措施予以预防和解决，同时支持导出 Excel 格式文件，便于数据在其他系统的使用。

2. 广联达 BIM5D 平台质量管理

广联达 BIM5D 平台是一个施工过程全功能管理平台，在质量管理方面，通过 BIM 云进行电脑端、收集端、网页端的协同，过程中技术人员可随时记录现场质量问题。同时，利用样板功能，可将做得好的工程直接录入，网页端直接调取信息，将施工过程资料进行反馈，直接生产质量控制资料，增加质量管控的同时，减少工程质量手动资料制作的过程，提高管理效率。

如图 5.5-5 所示，某地铁项目建设过程中项目质量员、技术员、监理发现质量、安全问题直接采用手机端拍照录入，描述问题，发起质量安全问题追踪，相关责任人收到信息后整改，问题解决后相关记录自动关闭。系统自动进行问题分类，统计分析，生成相关图

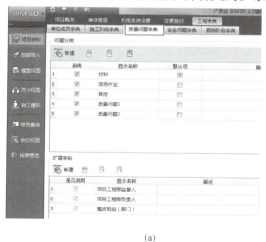

(a)　　　　　　　　　　　　　　(b)

图 5.5-5　施工现场质量问题及问题统计汇总图（一）
（a）质量问题自定义设置；（b）安全问题自定义设置

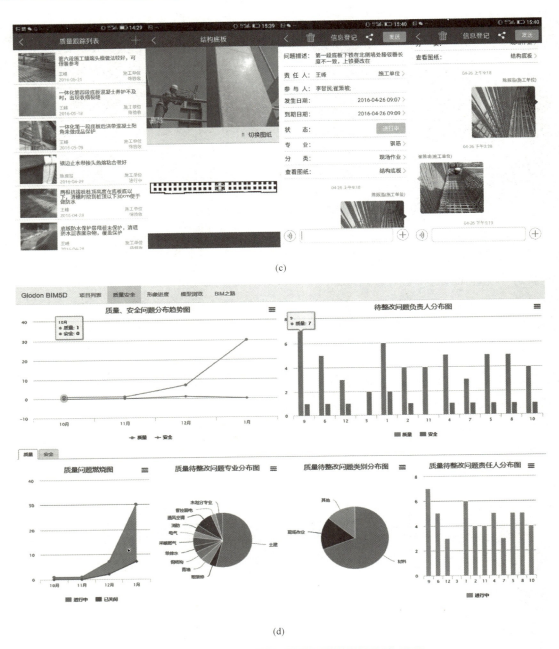

图 5.5-5 施工现场质量问题及问题统计汇总图（二）
(c) 质量问题移动端处理；(d) 质量问题综合统计分析

表，并建立典型质量安全问题样板，便于进行查看和警示教育，提高质量安全管理效率。

3. 质量管理实施

质量管理的实施根据施工过程可分为：事前质量控制、事中质量控制和事后质量控制，三个环节互相补充，形成动态控制，以达质量管理和持续改进。如图 5.5-6 所示，对质量问题，利用手持端对现场质量问题及时上传，反馈至管理平台，自动生成质量整改单。如图 5.5-7 所示，利用广联达 BIM5D 平台，质量问题集中显示，在模型中进行追踪，项目管理人员可追溯问题，现场反馈，直至解决。

  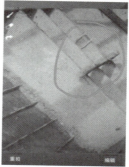

图 5.5-6　施工质量问题反馈信息化平台实施示例

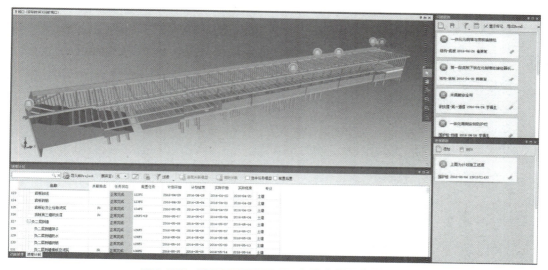

图 5.5-7　质量问题在 BIM5D 中集中显示追溯示例

5.6　基于 BIM 的工程安全管理应用

在安全管理中，BIM 技术在各专业深化设计、专业施工方案模拟、可视化交底等应用中均可进行安全管理的穿插，本节重点讲述 BIM 技术在辅助项目安全管理中对职业健康与安全管理、智慧工地、环境与风控管理三个方面的应用。安全管理过程中的安全标准定位、安全管理技术及措施、处置安全事故、分析安全问题、安全教育、环境检测、绿色施工、智慧工地等具体内容与质量管理的应用流程类似，本节不再讲述。

5.6.1　职业健康与安全管理

施工安全管理是通过对各生产要素的控制，使施工过程中不安全行为和不安全状态得以减少或控制，达到控制安全风险，消除安全事故，实现施工安全管理目标的过程，其中包括施工过程中为保证安全施工的全部管理活动。

从技术方面来讲，施工安全管理包括风险识别、评价、决策、实施、检查几个环节，其中重点在于危险源的分类和危险要素的识别与分析，也是 BIM 技术在安全管理中应用价值最高的实施点。

1. 危险源识别与分析

由于施工活动是一个动态过程，而轨道交通工程处于地下密闭空间，其项目安全风险也根据施工进度而不断优化更新，其中危险源包括直接危险源和潜在危险源，可根据危险源的分类、引发风险的概率和影响对危险源进行排序归类，从而为危险源的管理打下基础。例如，轨道交通工程施工生产中最主要的事故类型主要有盾构掘进事故，隧道开挖、物体打击、机械伤害、坍塌事故、火灾和触电事故等，而事故发生的位置主要有隧道、车站洞口和临边、基坑、模板、龙门架、施工机具、临时设施等，如图 5.6-1 所示，通过 BIM 模型与 GIS 结合，针对危险源较大的施工工序及位置实时监控，利用互联网将监控信息实时穿入业主或总承包管理单位的指挥平台，监控施工过程中的危险源。

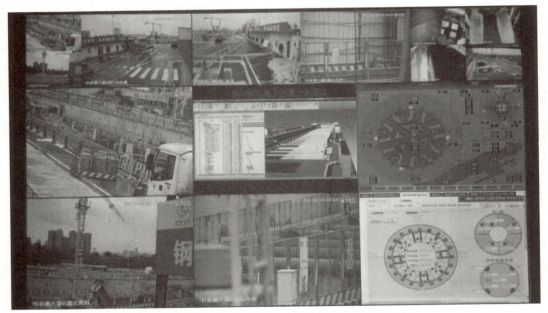

图 5.6-1　某地铁项目基于 BIM 模型的危险源监控中心

2. 安全教育管理

由于城市轨道交通项目工况复杂，对各区域应进行细致的工况模拟，以车站基坑开挖为例，深基坑开挖属于高危项目，地下空间复杂。在施工过程中，桩基施工、地下管道迁改、基坑开挖等作业施工难度大、安全风险管控复杂，仅仅靠文字和图纸难以表现，如图 5.6-2 所示，利用土建结构模型、钢结构模型与围护结构模型合模，以三维的形式讨论安全技术方案，反复优化，提高施工的效率和质量，保证施工安全可控，并进行危险源及安全事故的沉浸式体验教育，加强对危险源的认识，起到警示作用，提高现场施工人员安全意识。同时，通过集成应用 BIM 技术、项目信息化管理平台、物联网技术、VR 技术等进行施工现场安全教育管理，通过模拟复杂工况确定施工过程中可能会产生的安全

图 5.6-2　**BIM 安全教育管理**

（a）基坑底部体验；（b）边坡塌方事故体验；（c）VR 安全培训体验馆；（d）高空下坠物伤人事故体验

隐患。

3. 安全问题处置管理

基于 BIM 技术的项目管理平台在线管理可能产生的安全隐患，利用 BIM 项目管理平台，结合在工程模拟中确定的安全控制重点，将整个施工过程中需关注的所有安全管理重点进行梳理并设置在相关模型中。根据施工进度计划，在涉及安全隐患、危险性作业等关键点施工时，通过平台自动发送消息提醒相关管理人员管理施工现场。安全巡检人员拍摄现场照片并上传，如发现安全隐患，则通过在线开设安全整改单的功能直接对需整改的单位发出通知，并且在整改完毕后再通过拍照上传的方式检查整改结果。通过一个完整的流程对安全进行全面管控。

4. 绿色施工管理

绿色施工是可持续发展的需要，绿色施工技术是在建筑施工的过程中，利用科学的管理方式，再加上先进的技术手段，确保建筑资源能够得到充分有效的利用，尽可能地减少建筑施工对环境所带来的污染，以高效环保低耗能作为建筑施工的目标。坚持绿色施工技术的创新开发，对于现代建筑行业的发展有着重大的意义。如图 5.6-3 所示，利用 BIM 技术对绿色施工方案提前预演，施工过程中，将绿色施工监测数据及时传入项目管理平台，充分保障施工现场环境，同时节约能源。

5.6.2　智慧工地管理

BIM 的可视化、参数化、数据化的特性让建筑项目的管理和交付更加高效和精益，

(a)   (b)

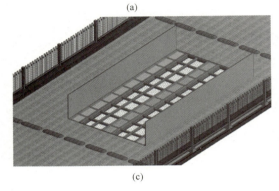

(c)   (d)

图 5.6-3　BIM 模型辅助绿色施工管理

(a) 施工现场太阳、空气能利用技术；(b) 绿色施工在线监测评价技术；
(c) 施工现场出入场洗车节水措施模型；(d) 施工现场节水措施

通过三维设计平台对工程项目进行精确设计和施工模拟，围绕施工过程管理，建立互联协同、智能生产、科学管理的施工项目信息化生态圈，并将此数据在虚拟现实环境下与物联网采集到的工程信息进行数据挖掘分析，提供过程趋势预测及专家预案，实现工程施工可视化智能管理，以提高工程管理信息化水平，从而逐步实现绿色建造和生态建造。

1. 智慧工地架构建设

应用智能技术和设备，围绕工程建造过程建立基于施工现场管理及控制的信息化平台系统，实现"施工技术智化、信息互联物联、数据协同共享、科学决策分析、风险智能预控"等目标，成为提升工程质量、施工安全、决策能力和管理效率的工地。以"全联接、全融合"为设计理念，围绕工地现场的"人、机、料、法、环"等生产要素，综合运用 BIM、物联网、移动互联网、云计算、人工智能、大数据等信息技术，建设安全、高效、实时、智能、在线的数字化智慧工地，实现工程的全局优化，保障工程安全、质量、进度、成本、绿色等管控目标。

如图 5.6-4 所示，平台涵盖的应用模块有：人员实名制管理、视频监控、环境监控和雾炮喷淋联动、工地巡检、车辆门禁管理、车辆 GPS 定位与路线规划、扬尘噪声监测、塔式起重机安全监控、高支模监测、深基坑监测、水控电控、AI 识别应用等。

2. 智慧工地监控管理

智慧工地的核心是以一种"更智慧"的方法来改进工程各干系组织和岗位人员相互交

教学单元5　BIM在施工阶段的应用

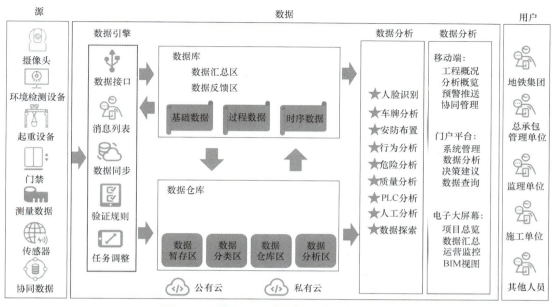

图 5.6-4　基于 BIM 的智慧工地平台架构图

互的方式，以便提高交互的明确性、效率、灵活性和响应速度。如图 5.6-5 所示，在深基坑施工方面，BIM 模型辅助指挥工地平台搭建，智慧工地将更多人工智能、传感技术、

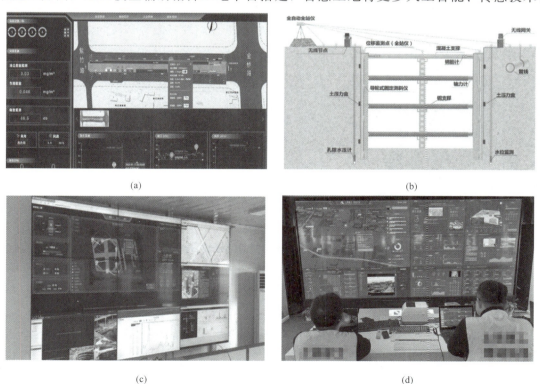

图 5.6-5　BIM 模型辅助智慧工地管理

（a）智慧工地管理平台；（b）深基坑监测系统示意图；（c）工地现场监控平台；（d）总承包管理机构监控

虚拟现实等高科技植入到建筑、机械、人员穿戴设施、场地进出关口等各类物体中,并且被普遍互联,形成"物联网",再与"互联网"整合在一起,实现工程管理干系人员与工程施工现场的整合。智慧工地管理平台利用图像识别技术和二维码技术,通过"一机一码"二维码管控方法对入场设备机械进行电子流程管理,利用预制构件智慧管控技术对每一个构件进行唯一编码标识,采用 BIM 交互展示方式对项目中预制构件的全过程跟踪管理。

5.6.3 环境与风险控制管理

以某地区为例,地铁工程基于 BIM 的安全风险监控系统是在原有的 TSS 系统(隧道视频监控系统)、SSS 系统(车站视频监控系统)的技术基础上,借鉴国内外先进经验,针对地铁安全风险特点进行深度开发的,建立了勘察、设计、施工、监理、监测、业主多方参与、共同监控管理的一体化安全风险管理信息平台,形成了盾构机实时数据监控、现场量测数据监控和视频监控,重大安全风险综合管理的"三监控、一管理"的功能。在规定的项目部和总承包管理单位建设安全风险监控系统,并在项目建设过程中做好运维和管理工作,全面发挥安全风险监控系统的各项功能。

1. 安全风险监控建设

地铁工程安全风险监控系统界面、安全风险监控系统拓扑图如图 5.6-6 所示。远程视频会议系统安装在监控室和各项目部、施工总承包管理部会议室中,项目各级管理人员可以随时利用这些设备参加相关会议。监控室及视频会议室按要求接入互联网,监控室带宽根据现场所布设的摄像机数量确定,最低配置为 10MB/s 有固定 IP 地址的商务光纤接入。现场监控室、项目部视频会议系统、站房、盾构区间、暗挖区间等部位的安全风险监控系统建设硬件和网络配置。

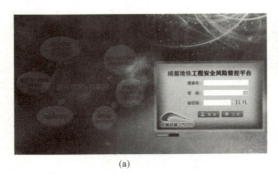 

(a)　　　　　　　　　　　　　　　　　(b)

图 5.6-6　地铁工程安全风险监控系统界面与原理

(a)安全监控系统界面图;(b)安全风险监控系统拓扑图

2. 安全风险监控系统运行及维护

为使风控系统能够安全、稳定、可靠地运行,需由责任心强,业务熟练的信息管理专人负责系统的建设、维护及管理,及时协调解决各类故障并报告解决情况,特别是汛期系统维护工作,负责视频会议工作和迎检展示等工作,如图 5.6-7 所示。

监控室制订并发布监控室管理值班制度,并张贴在明显位置,根据制度设值班表并如实填写值班记录,监控室及系统设施的巡查、维护和故障处理工作要 24 小时(含节假日)不间断,每日进行现场巡查,做好传感器、监控设备、光纤的安装配合及成品保护、监控供电保障和摄像头日常清洁等工作；项目信息专员应按风控系统的相关要求，每天按时在专用电脑上监测数据、上报盾构出土量等，并及时处理系统中的预警信息，提交上传预警处置资料。

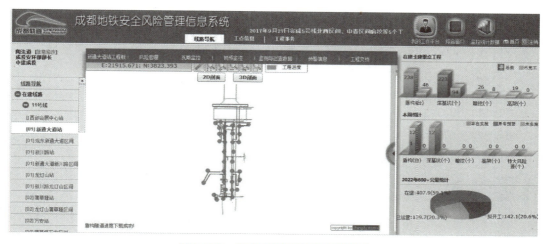

图 5.6-7　安全风险监控系统运营图

基于"BIM+GIS"技术构建风险可视化监控系统，建立基坑围护结构、周边重要建构筑物、周边环境以及隧道、暗挖作业面等各类重点监测点模型，将模型与监测数据关联，通过"三维模型+时间轴+变形色谱云图"的表现方式直观展示风险点变化趋势，实现风险监测信息在空间模型上的实时同步查询，通过平台信息推送、手机短信等方式分级实时通知相关人员，对超限预警的数据进行统计，在 GIS 综合门户上进行区域标示，如图 5.6-8 所示。

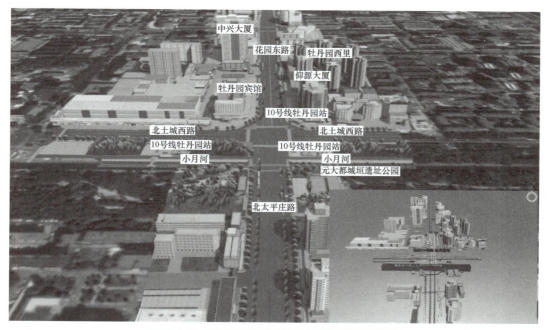

图 5.6-8　"BIM+GIS"的可视化风险监测示例

通过系统收集、整理监测信息，采用云数据库保存，可实时提取现有数据，形成变形曲线图及监测报表，便于分析处理。设置预警值，系统可对风险变化进行预警，监测数据达到预警值时将自动发送报警信息至相关人员及各层级主管领导手机，并在 GIS 综合门户进行区域标示，如图 5.6-9 所示。

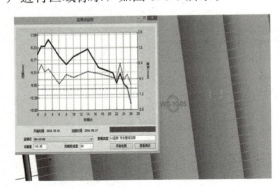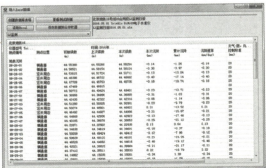

图 5.6-9　基坑周边管线沉降监测模型及数据分析示例

5.7　基于 BIM 的施工工程造价管理应用

基于 BIM 的造价管理是利用 BIM 软件的工程量统计功能，在 BIM 模型中提取不同阶段的造价管理信息，按照相关工程量、清单要求进行自动统计，施工过程中将不同阶段的造价计算量、合同量、实际成本进行详细的数据比对，实时掌握引起成本变化的要素，并采取相应的调整措施，有效地管控项目资金风险。

5.7.1　工程量清单计算

基于 BIM 的工程量统计是根据算量要求由 BIM 模型对项目现场物料提取汇总，生成工程量清单明细表，如门窗表、预留预埋套管明细表等，作为材料统计或工程报价的依据，辅助现场成本管理。BIM 模型可以较为快速、准确提取所需的清单，当产生变更时，快速进行表单重新生成，使得工程量清单可以快速适应项目变更，减轻了工程量统计的工作强度，提高了工程量统计的及时性和准确性。

1. 工程量统计重点及流程

BIM 技术在工程量统计中应用流程详如图 5.7-1 所示，其实施的重点具体体现在收集施工图图纸及现场统计需求清单，复核 BIM 模型与设计详图、施工说明等相关内容的一致性和信息的完整性，在保证模型构建命名符合工程量统计相关要求的基础上，将设计变更相关内容信息更新至 BIM 模型中，再按照现场统计清单需求，对 BIM 模型进行划分，导出所需工程量清单，最终将各项清单汇总及数据处理，直至满足清单统计相关要求。

从施工作业模型获取的各清单子目工程量与项目特征信息，能够提高工程预算书编制效率与准确性，完善施工作业模型构件的项目特征信息和其他信息后，导入到算量软件中，通过已定义的项目特征参数使模型互相匹配，关联清单模板，生成算量模型，如图 5.7-2 所示，划分区段后通过软件计算，生成并导出工程量清单。

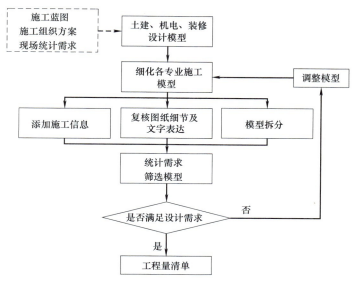

图 5.7-1　基于 BIM 的技术工程量清单统计应用流程图

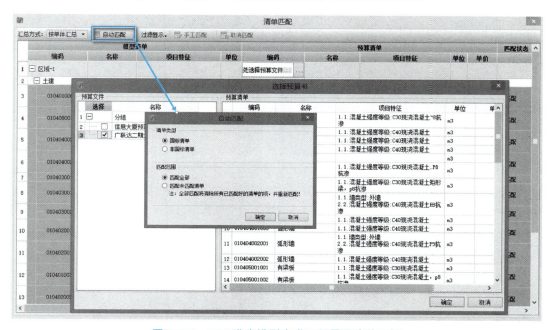

图 5.7-2　BIM 进度模型生成工程量及清单示例

利用 BIM 算量软件获取施工作业模型中的工程量信息，得到的工程量信息模型，如图 5.7-3 所示。由模型直接提取工程量，该模型可作为地铁工程招标投标时，编制工程量清单与招标控制价格的依据，也可作为施工图预算的依据，同时从模型中获取的工程量信息应满足合同约定的计量、计价规范要求，可从模型中输出工程量清单，施工单位根据优化的动态模型实时获取成本信息，动态合理地配置施工过程中所需的资源。

2. 工程量统计方法及步骤

建设工程常用的工程量统计软件很多，根据城市轨道交通工程的特点，主要应用 Re-

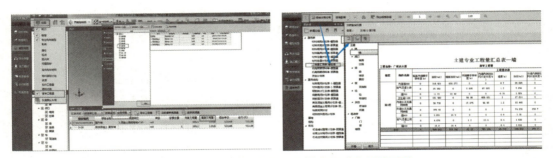

图 5.7-3　由模型直接提取工程量进行造价计算示例

vit、Tekla、广联达软件进行各专业工程量统计。

如图 5.7-4 所示，Revit 软件下的工程量统计，适用对土建（不含钢筋）、机电专业工程量统计，该软件可自行定义明细表字段，直接导出工程量统计表，新建明细表模块，选

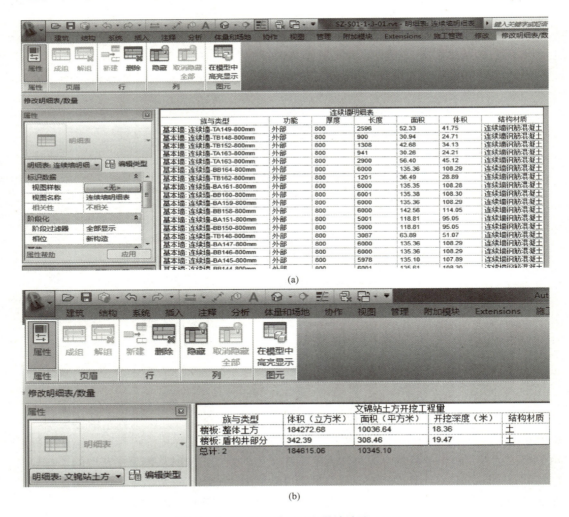

图 5.7-4　Revit 软件下工程量统计图（一）
（a）Revit 中车站主体结构墙体工程量明细表；（b）Revit 中车站土方开挖工程量明细表

<房间装修表>

A	B	C	D	E	F	G	H	I
编号	楼板面层	名称	天花板面层	面积（平方米）	墙面面层	墙面积	踢脚线材质	周长
1	600X600玻化砖	站长室	NAFC板吊顶（顶2）	30.00	面砖墙面	55.50	玻化砖踢脚线（150mm	22.2
2	600X600玻化砖	收款室	NAFC板吊顶（顶2）	20.76	面砖墙面	47.06	玻化砖踢脚线（150mm	18.8
4	600X600玻化砖	警务	NAFC板吊顶（顶2）	11.39	面砖墙面	38.04	玻化砖踢脚线（150mm	15.2
7	600X600玻化砖	配电间	板底喷涂顶棚（顶1	14.13	面砖墙面	42.35	玻化砖踢脚线（150mm	16.9
16	600X600玻化砖	维保供电	板底喷涂顶棚（顶1	12.99	面砖墙面	46.70	玻化砖踢脚线（150mm	18.7
17	600X600玻化砖	维保供电	板底喷涂顶棚（顶1	5.32	面砖墙面	25.34	玻化砖踢脚线（150mm	10.1
19	600X600玻化砖	维保供电值班室	板底喷涂顶棚（顶1	9.95	面砖墙面	33.48	玻化砖踢脚线（150mm	13.4
22	600X600玻化砖	配电间	板底喷涂顶棚（顶1	11.51	面砖墙面	36.77	玻化砖踢脚线（150mm	14.7
24	600X600玻化砖	走道	NAFC板吊顶（顶2）	85.74	面砖墙面	249.48	玻化砖踢脚线（150mm	99.8
26	600X600玻化砖	警务	NAFC板吊顶（顶2）	9.32	面砖墙面	30.54	玻化砖踢脚线（150mm	12.2
28	600X600玻化砖	运营仓库	NAFC板吊顶（顶2）	16.48	面砖墙面	41.75	玻化砖踢脚线（150mm	16.7
29	600X600玻化砖	信号系统机房	板底喷涂顶棚（顶1	51.86	面砖墙面	79.15	玻化砖踢脚线（150mm	31.7
30	600X600玻化砖	信号值班室	NAFC板吊顶（顶2）	12.09	面砖墙面	36.55	玻化砖踢脚线（150mm	14.6
31	600X600玻化砖	民用通信及电源室	板底喷涂顶棚（顶1	81.14	面砖墙面	109.80	玻化砖踢脚线（150mm	43.9
32	600X600玻化砖	通信仪表室	板底喷涂顶棚（顶1	11.29	面砖墙面	34.35	玻化砖踢脚线（150mm	13.7
33	600X600玻化砖	通信仪表室	板底喷涂顶棚（顶1	12.12	面砖墙面	35.35	玻化砖踢脚线（150mm	14.1
35	600X600玻化砖	维保工务用房	板底喷涂顶棚（顶1	13.58	面砖墙面	39.25	玻化砖踢脚线（150mm	15.7
36	600X600玻化砖	男更衣室	NAFC板吊顶（顶2）	12.21	面砖墙面	35.46	玻化砖踢脚线（150mm	14.2
37	600X600玻化砖	女更衣室	NAFC板吊顶（顶2）	8.79	面砖墙面	34.24	玻化砖踢脚线（150mm	13.7
38	600X600玻化砖	交接班室	NAFC板吊顶（顶2）	33.73	面砖墙面	67.36	玻化砖踢脚线（150mm	26.9
39	600X600玻化砖	茶水间	NAFC板吊顶（顶2）	6.58	面砖墙面	25.96	玻化砖踢脚线（150mm	10.4
41	600X600玻化砖	走道	NAFC板吊顶（顶2）	102.14	面砖墙面	239.05	玻化砖踢脚线（150mm	95.6
编号	楼板面层	名称	天花板面层	面积（平方米）	墙面面层	墙面积	踢脚线材质	周长
3	600X600防静电地板	车控室	NAFC板吊顶（顶2）	35.65	涂料墙面	41.29	防静电瓷砖踢脚线（150	27.5
8	600X600防静电地板	通信机房	NAFC板吊顶（顶2）	104.24	涂料墙面	72.42	防静电瓷砖踢脚线（150	48.3
9	600X600防静电地板	UPS综合电源室	NAFC板吊顶（顶2）	46.15	涂料墙面	43.26	防静电瓷砖踢脚线（150	28.8
10	600X600防静电地板	AFC设备	NAFC板吊顶（顶2）	22.52	涂料墙面	28.80	防静电瓷砖踢脚线（150	19.2
13	600X600防静电地板	AFC配电	NAFC板吊顶（顶2）	25.39	涂料墙面	35.42	防静电瓷砖踢脚线（150	23.6
43	600X600防静电地板	车载值班室	NAFC板吊顶（顶2）	13.24	涂料墙面	22.53	防静电瓷砖踢脚线（150	16.0

(c)

图 5.7-4　Revit 软件下工程量统计图（二）

（c）Revit 中车站设备区装修工程量明细表图

择所统计内容对于模型的类别，定义明细表关键字、明细表名称，定义所统计内容在模型中对应的构件属性，并设置明细表字段的列和明细表形式，预览明细表，得到所需工程量明细表，可选择将明细表导出为 Excel 文件进行后期处理。

Tekla 软件下的工程量统计，适用对钢筋、钢结构专业工程量统计，软件适用专业面较窄，建模规范与 Revit 有差别，可直接导出表格，灵活性较强。

广联达软件下的工程量统计，适用于土建（含钢筋）机电（含线管）专业工程量统计，适用范围广，各专业均有相应的模块，可与计价软件直接匹配，与国内工程量统计相关规范较为相符，工程量统计数据参考性较高。

在轨道交通项目中，三种软件的数据交互性，通过导出为 IFC 文件，再导入广联达算量软件中提取工程量。如图 5.7-5 所示，Revit 安装 GFC 插件导出 BIM5D 格式文件后，直接导入广联达 BIM5D 软件中进行统计，Tekla 可导出 IFC 文件，与 Revit 交互。

3. 材料和设备管理

运用 BIM 技术达到按施工作业面配料的目的，实现施工过程中设备、材料的有效控制，提高工作效率，节约成本。施工作业模型、设备与材料信息是基本材料，根据工程进度实时输入变更信息，包括工程设计变更、施工进度变更等。输出所需的设备与材料信息表，并按需要获取已完工程消耗的设备、材料信息及下阶段工程施工所需的设备与材料信息。

首先要收集数据，并确保数据的准确性，追溯大型设备及构件的物流与安装信息。再按作业面划分，从信息模型输出相应的设备、材料信息，提交给施工部门审核，通过二维码等技术手段实现现场设备、材料与地铁信息模型的统一，可随时随地查阅设备、材料信息，并进行入库、出库、验收、校核等管理工作。

5.7.2　施工图预算与成本管理

基于 BIM 的施工图预算是在施工图设计模型的基础上，依据招标投标相关要求，附

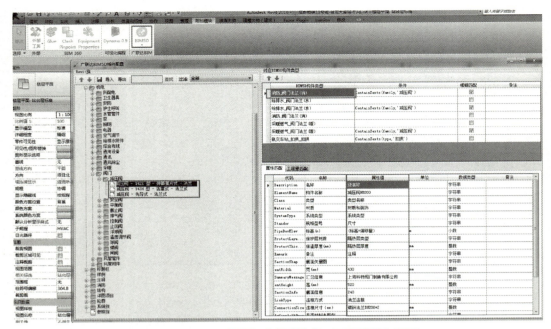

图 5.7-5　Revit 数据与广联达软件工程量数据交互图

加招标投标信息,形成施工图模型,利用模型编制施工图预算和招标工程量清单,添加相应的清单与消耗定额、材料价格信息后确定的清单项目,主要目的是实现工程量计算、分部分项计价和工程总造价计算等功能,提高施工图预算的效率和准确性,在施工投标及成本管理中发挥更多价值。

1. 施工图预算

在施工图预算编制中,首先在 BIM 模型中赋予构件尺寸、材料、型号、材质等相互约束的属性信息,并对构件空间、尺寸等属性定位复核,如在梁柱等区域计算时,根据相关规则自动扣减,使用 Revit 软件建立和处理模型,利用广联达 GCL 图形算量软件计算各专业的工程量,并导入广联达 BIM5D 或 Excel 软件中进行预算的汇总。

其实现过程为:首先,收集招标投标阶段各类资料,如招标文件、招标清单、招标图纸等,若施工阶段已有施工图模型,则可直接进行利用。在使用模型前,核查模型是否满足预算工作相关要求。其次,对施工图设计模型进行复核,针对缺漏项进行补充,并根据招标清单中对各单项的划分重新拆分模型,形成施工图预算阶段模型,将各建模软件中的模型通过插件导入 BIM5D,该过程中注意复核模型构件分类的准确性。最终,在 BIM5D 软件中导入招标清单,并对应清单将模型与清单逐一关联,自动计算各分部分项工程量,综合统计,并生成表格。通过完善模型直接得到工程预算中各分项工程量的数据,并汇总所有模型、数据,生成总预算表格,适当地进行补充即可完成预算书的编制工作,准确度和效率都大大提高。

2. 成本管理

基于 BIM 的成本管理主要应用于项目成本测算、成本计划编制、成本控制、成本核算、成本分析和成本总结全过程,其中城市轨道交通项目主要应用 BIM 技术与项目成本动态综合分析，做到项目实施过程中成本实时监测与对比，助力项目成本控制。

要统一成本项目、合同收入、预算成本、实际成本核算分析口径，通过 BIM 成本模型将相关的清单资源和成本项目进行比对，以实现在不同的成本核算期间，目标成本、预算成本和实际成本三算比对分析。

如图 5.7-6 所示，广联达 BIM5D 造价管理软件中，选择单体车站土建施工段模型，

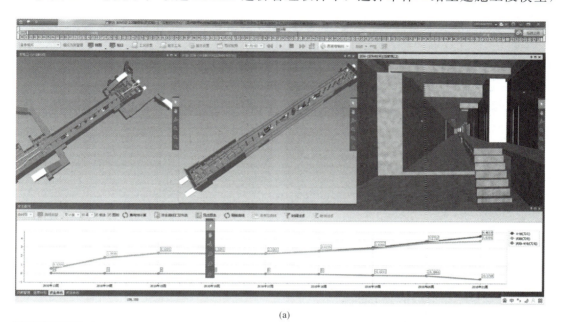

(a)

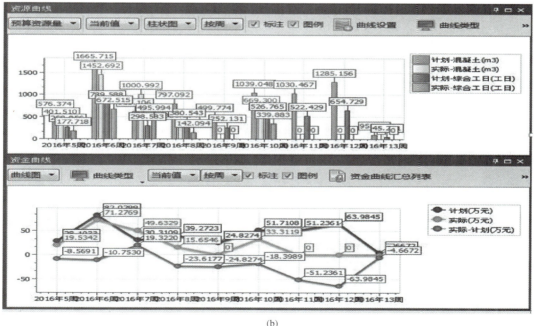

(b)

图 5.7-6　广联达软件中成本对比分析（一）

（a）广联达软件中月度计划与实际成本对比分析曲线图；(b) 广联达软件中某站点混凝土消耗、资金消耗曲线分析

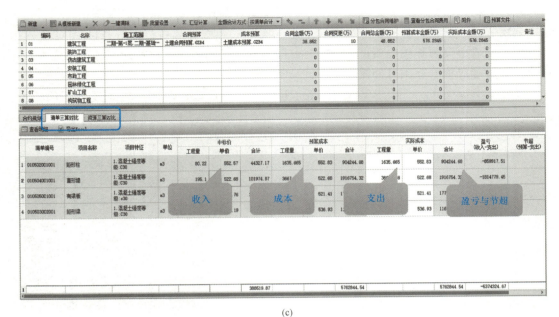

(c)

图 5.7-6　广联达软件中成本对比分析（二）
（c）广联达软件中收入、预算、成本三算对比

根据进度计划信息，将预算文件导入 BIM 模型，与清单匹配，并将匹配后的文件清单与 BIM 模型关联，可通过模型提取项目各时间工程量及材料用量，通过曲线查看项目资金计划。

软件可提供报月进度工程量，根据项目进展将每月工程量信息录入模型，造价人员根据工程进度查询某个时间范围内的工程量及资金信息，协作进度上报，提报材料计划。根据项目进度按施工流水、专业提取相应的材料算量清单，导出 Excel 文件后汇总，提交相应的材料计划。

项目管理人员按照管理控制层次的不同，实现项目层次、合同层次、合同明细层级的量、价、金额的分析，查看不同项目阶段、不同维度的材料、资金周转情况，并对超支情况、资金需求集中情况做出预警，采取相应的应对措施。

5.8　基于 BIM 的机电系统调试应用

基于 BIM 的机电系统调试目前在国内应用较少，主要还停留于辅助调节系统参数、监测设备运行状态的阶段，轨道交通工程调试阶段 BIM 应用主要包括对机电系统现场实测数据与设计数据的分析校核和辅助项目资产管理两个方面。

5.8.1　BIM 辅助机电系统调试应用

地铁工程的调试是关系到是否可以通过专家评估，是否能够开通运营的关键，调试分为单机单系统调试、联合调试、接口调试和综合大联调。在系统调试阶段，应用 BIM 模型对系统情况进行直观准确的梳理，并通过仿真模拟对空调系统气流组织分布提前进行可视化分析,得出阀门开度参数,指导调试工作高效实施,确保空调效果最佳,系统模拟分析如图 5.8-1 所示。

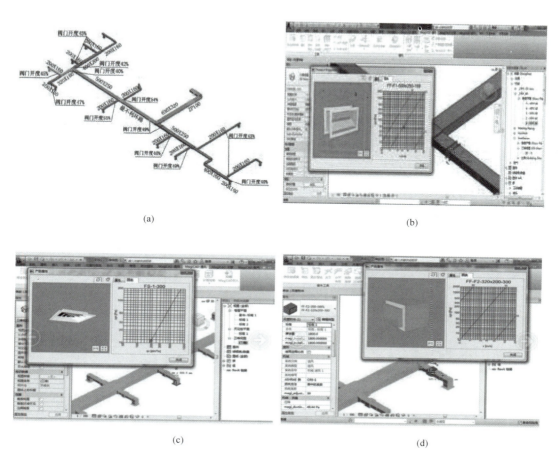

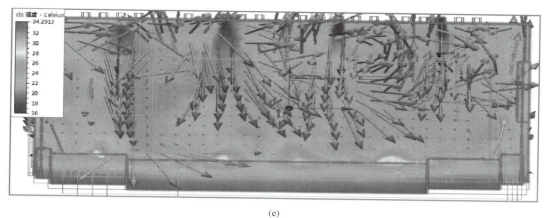

图 5.8-1　BIM 模型系统模拟分析校核

(a) 对风系统模型进行分析校核;(b) 对阀门开度参数校核计算;(c) 对风口风量进行计算分析模拟调试;
(d) 消声器性能计算分析模拟;(e) 站房公共区域气流组织模拟及温度分布

5.8.2 BIM 辅助施工信息数据管理

将关键设备信息及施工记录信息录入 BIM 模型,将数据信息与具体模型构件关联,使工程信息完整准确集成于 BIM 模型,并可生成二维码在现场标识,在调试阶段,调试工作人员通过手机扫描即可识别设备信息,如发现设备异常等及时通过项目管理平台申报,准确定位,辅助调试消缺,同时,设备信息二维码在后期运营维护管理期间也可发挥重要作用,设备信息管理应用如图 5.8-2 所示。

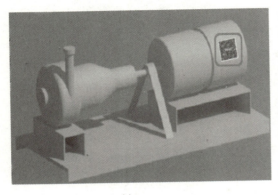
(a)

(b)

(c)

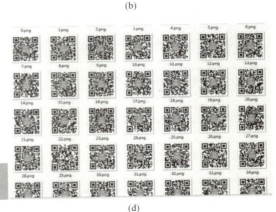
(d)

图 5.8-2　BIM 模型信息结合二维码集成管理
(a) 设备二维码信息关联;(b) 设备标识二维码识别信息管理;
(c) 装配模块二维码信息关联管理;(d) 二维码信息管理及交付

5.9　BIM 技术与新技术结合的应用研究

为践行高质量发展理念,响应国家和行业号召,提升工程建设品质,城市轨道交通工程应大力推广应用建筑业 10 项新技术。

5.9.1　基于 BIM 的现浇侧墙整体自行式模架施工技术

现浇侧墙整体自行式模架施工技术是一种主要适用于地下工程现浇混凝土结构单侧支

模的施工技术，如图 5.9-1 所示，对整体自行式模架的设计和应用进行模拟分析，主要含锚固系统、支撑系统、模板系统、行走系统、安全防护设施等部分组成，其中锚固系统主要由预埋地脚螺栓、锚固螺栓及锚梁组成，支撑系统主要由可调支腿、主纵梁、横梁、三角钢桁架及横联组成，模板系统主要由钢模板和背楞组成，行走系统主要由轨道、纵向行走机构和横向滑移机构组成。支撑系统和模板系统可根据工程实际情况，分成标准节和加高节，在使用时按照需要进行拼装调整。

图 5.9-1　现浇侧墙整体自行式模架施工技术

混凝土浇筑时，现浇混凝土产生的侧压力先传至钢模板，再通过背楞传至三角钢桁架，最后通过锚固螺栓和可调支腿传至已浇筑结构上；当侧墙混凝土浇筑完成并达到规定的强度后，通过操作横向滑移机构上的双向液压油缸实现模架整体横向移动，通过操作纵向行走机构上的行走电机实现模架整体纵向移动，从而实现模架的自行。该技术与传统的施工方法相比较，具有受力体系明确、自动化程度高、周转使用方便、综合成本低等优势。

基于 BIM 的
现浇侧墙整体式
整体自行式
模架施工技术

5.9.2　轨顶风道同步施工技术

轨顶风道同步施工技术是针对地铁车站与区间施工组织特点，采用一种装配式门式架跨越盾构轨行区，单片门式架相互连接形成整体施工平台，即轨顶风道施工台车。如图 5.9-2 所示，该台车配备行走驱动系统，一个施工节段完成后，装置整体运行至下一施工节段，成功克服了盾构施工对轨顶风道施工作业面的影响，并减少了重复搭设和拆除满堂支架的工序，提高施工效率。装置下方两列盾构运输编组正常运行，保证盾构施工进度，节约大量工期，装置安全可靠，施工质量良好。

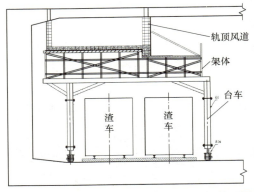

图 5.9-2　轨顶风道同步施工技术应用示意图

该技术可用于既有车站盾构区间的地铁工程，尤其是工期紧张，车站内部结构和盾构掘进需同时施工的地铁工程。在保证盾构正常施工的前提下进行轨顶风道施工，该技术简单实用、操作方便，施工省时省力，能重复利用，可有效节约工期和成本。

5.9.3　DPTA 机房预制技术

DPTA 机房是一项在冷水机房、通风空调机房运用的新技术，DPTA 机房包含以下四个流程：D（Design，设计）基于 BIM 技术，完成高精度模型的建立和全专业深化设计，并出具达到机械加工精度的装配图纸。设计过程中，充分考虑人体工程学、节能降耗等因素，使该机房兼具人性化、智能化、高效节能等特点；P（Prefabricate，工厂化预制）将机房分成若干模块，在专业工厂采用自动机械加工，实现工厂化预制；T（Transport，物流化运输）配送可以实现模块的批量打包运输；A（Assemble，装配化施工）装配式施工改变了传统"量一段，做一段"的施工模式，安装人员根据装配图，以"搭积木"的方式完成安装任务。某车站空调机房 DPTA 预制技术，具体实现方式如图 5.9-3 所示。

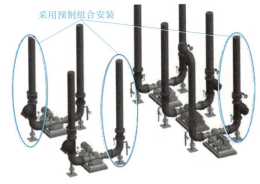

(a)　　　　　　　　　　　　　　(b)

图 5.9-3　基于 BIM 的车站空调机房 DPTA 预制技术（一）
(a) 高精度 BIM 模型建立；(b) 利用 BIM 对泵组接管段进行分析

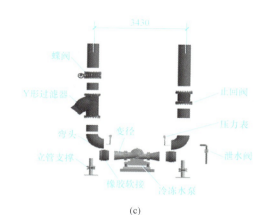

制冷机房管道附件明细表

族	类型	合计
Y型过滤器	DN200-1.6MPa	2
Y型过滤器	DN250-1.6MPa	8
Y型过滤器	DN300-1.6MPa	11
压力表	压力表	55
橡胶软接	橡胶软接	62
法兰式电动蝶阀	DN200-1.6MPa	5
法兰式电动蝶阀	DN250-1.6MPa	7
法兰式电动蝶阀	DN300-1.6MPa	5
涡轮法兰式蝶阀	DN200-1.6MPa	6
涡轮法兰式蝶阀	DN250-1.6MPa	7
涡轮法兰式蝶阀	DN300-1.6MPa	7
温度计	温度计	22
铸铁对夹式止回阀	DN200-1.6MPa	4
铸铁对夹式止回阀	DN250-1.6MPa	5
铸铁对夹式止回阀	DN300-1.6MPa	2

(c)   (d)

(e)   (f)

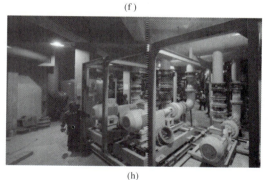

(g)   (h)

图 5.9-3   基于 BIM 的车站空调机房 DPTA 预制技术（二）

(c) 泵组阀部件预制分解图；(d) 自动生成加工料表；(e) 模块预制加工；(f) 二维码对编码批量运输；
(g) 测量机器人现场精确定位；(h) 精细装配流程及进度计划完成现场安装

    该技术具有以下优势：一是速度的提升，常规机房施工需要 45～60 天，而此技术下仅用短短 24 小时就完成现场安装任务，刷新制冷机房现场施工速度。二是品质的飞跃，传统施工管道由人工下料焊接，质量不稳定，而此项目通过全自动工厂化预制，现场"零焊接"，采用数控相贯线等离子切割机、自动焊接机和最先进的测控技术，确保了制作安装精度，大大提高安装质量。三是安全环保，机房封闭狭小，传统施工烟尘飘散、噪声四起，作业环境十分恶劣，而装配化施工现场几乎无烟尘、无噪声，拼装作业在地面完成，机房管道整体机械化抬升，克服了高空作业的安全风险。所有管道安装位置精确至毫米，排布整齐、精准美观。

思考与练习题

一、填空题

1. 虚拟化是为了解决方案在可靠性、安全性和性能上的不足，通过数字模拟所进行的_____，能够极大地克服工程实物建造的一次性过程所带来的困难。

2. 在基于 BIM 的施工现场合理性规划过程主要表现在_____和_____ _____两个方面。

3. _____的浸入式体验在达到高效施工技术交底的效果的同时，还减少现场样板间的实施，在节约施工成本方面有较好的成效。

4. 基于 BIM 的数字化加工管理系统是将_____、_____、_____、_____、_____等各个工作流环节有效链接，以 BIM 平台为核心，实现多参与方协同合作，提高项目管理工作效率。

5. 技术资料管理系统的基本功能主要有_____、_____、_____及_____。

6. 在基于 BIM 的施工进度跟踪分析中，主要包括_____、_____和_____。

7. 基于 BIM 的工程质量管理是一种可以通过_____采集现场质量问题后，进行跟踪、分析改进和解决的方式。

8. 在项目安全管理中，_____和_____，是 BIM 技术在安全管理中应用价值最高的实施点。

9. 轨道交通工程调试阶段 BIM 应用主要包括_____和_____两个方面。

二、单项选择题

1. 以下（　　）不属于BIM技术在施工阶段的虚拟化施工应用。
  A. 资源规划　　B. 工艺模拟　　C. BIM+VR　　D. 数字化加工

2. 在图纸会审前，重点将会审过程中需要重点讨论部位的 BIM 模型提前做（　　）处理。
  A. 特殊化　　B. 标识化　　C. 轻量化　　D. 可视化

3. 利用（　　）对比施工进度曲线、模型对比计划进度和实际进度，以 4D 施工进度跟踪与控制系统显示三种视图，是项目进度控制的主要表现形式。
  A. 网络图　　B. 进度图　　C. 横道图　　D. 单元图

4. 质量管理中，BIM360 Field 统计表管理，主要包含问题、（　　）、设备、作业四方面内容。
  A. 机电建模　　B. 检查清单　　C. 通用检查　　D. 图纸复核

5. 通过 BIM 模型与（　　）结合，可对危险源较大的施工工序及位置进行实时监控，进行施工过程中危险源的监控。
  A. GIS　　B. VR　　C. 3D　　D. ISCS

三、多项选择题

1. BIM+3D 打印集成的优势有（　　）。
   A. 定制个性化　　　　B. 造型奇异化　　　　C. 模型直观化
   D. 建造绿色化　　　　E. 成本控制

2. 基于 BIM 的施工技术管理指的是施工过程中的辅助现场技术管理，主要体现在（　　）方面。
   A. 图纸会审　　　　B. 技术资料管理　　　　C. 技术变更管理
   D. 技术交底管理　　　　E. 技术方案编制

3. 基于 BIM 的进度管理是从不同层次提供多种分析方法以实现项目进度的全方位分析，在项目实施过程中，更新项目进度计划的同时，还需（　　），以采取相应的控制措施解决已出现的问题，预防潜在问题以维护目标计划。
   A. 持续跟踪项目进展　　　　B. 修改计划进度
   C. 对比计划与实际进度　　　　D. 分析进度信息
   E. 发现偏差和问题

4. 模拟复杂工况确定施工过程中可能会产生的安全隐患，主要是通过（　　）技术得以实现的，以进行施工现场安全教育管理。
   A. 集成应用 BIM 技术　　　　B. 项目信息化管理平台
   C. 物联网技术　　　　D. VR 技术
   E. 模型信息化技术

5. 在项目施工造价管理中，以下（　　）软件适用于对钢筋、钢结构专业工程量统计？
   A. Revit　　　　B. Tekla
   C. 广联达　　　　D. 鲁班
   E. BIM

四、简答题

1. BIM 对工程建造过程中虚拟化施工的价值主要体现在哪些方面？
2. 简述基于 BIM 的数字化加工是如何实现的。
3. 简述基于 BIM 的项目成本管理是如何实现的。
4. 简述基于 BIM 技术是如何实现智慧化工地管理的。

教学单元6

BIM在运维阶段的应用

【知识目标】

通过本单元学习,应了解BIM技术在轨道交通项目运维阶段的具体应用内容,理解轨道交通项目运维阶段BIM技术应用的价值体现和运维平台功能,掌握基于BIM技术的轨道交通项目运维管理中空间、资产、设备、应急、能耗及监控管理的具体应用内容。

【能力目标】

具备对轨道交通项目基于BIM的运维平台需求分析、评价和维护的能力。

教学单元6　BIM在运维阶段的应用

【思维导图】

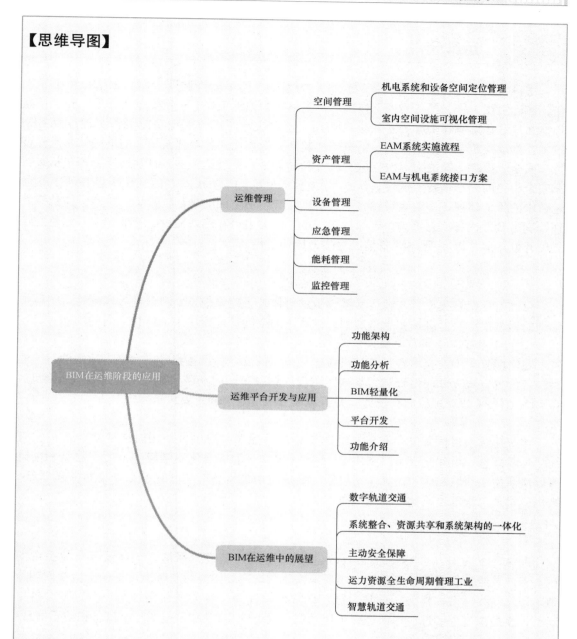

【思政导学】

　　引入"成都地铁4号线"的工程实例,帮助学生理解BIM技术在工程运维阶段应用的必要性及实用性,通过实例让学生认识到我国在BIM技术方面已经取得了巨大进步,提升本课程学习的动力。培养学生一丝不苟、严肃认真的工作学习态度,恪尽职守,追求卓越,引导学生为国家、社会建设贡献出自己的一份力。

BIM为建筑物
的日常保驾护航

6.1 运维管理

城市轨道交通运维包括列车运行计划的编制、列车运行调度工作、车站行车组织工作、客运组织工作、票务管理工作、车辆基地行车组织工作、运行安全工作等工作。信息传输在地铁运维管理中起到了决定性作用，直接决定了运营管理功能能否实现，而 BIM 技术在推动建筑全生命周期内的信息传递起到关键作用，各项建筑信息的准确输入是保证行车安全、提高运输能力、改善旅客服务和加强维修管理的关键。日常运维管理包括以行车安全为主的列车运行、调度、组织及票务管理等。BIM 技术以信息化手段在轨道交通运营中的价值体现，主要表现在日常人员工作和生活空间的规划、维护、维修、应急等管理，满足日常设备信息维护，确保行车安全，同时也可在能耗监测、智能调节、绿色建筑方面开发拓展，以实现 BIM 价值的全生命周期应用。

6.1.1 空间管理

空间管理信息集成后，在运维系统中进行核查，确保信息的一致性和准确性，将科学管理的运维模型、信息按要求添加到运维系统的空间管理模块中，进行空间的规划。

1. 机电系统和设备空间定位管理

在空间管理中，获取各系统和设备坐标位置信息，将设备编号或文字表述借助三维模型图形位置直观、方便地查看。如通过 RFID 获取车站内消防设施位置，当消防报警时，在 BIM 模型上快速定位所在位置，并查看周边疏散通道和重要设备等。

2. 室内空间设施可视化管理

传统建筑项目信息仅存在于二维图纸和产品操作手册中，使用时需要专业人员去查找、理解信息，再据此决策。利用 BIM 技术建立一个可视化三维模型，所有数据和信息可以从模型中获取和调用，如车站检修、维护或增加设备时可快速获取不能拆除的管线、结构、隐蔽工程等建筑构件的相关属性。

6.1.2 资产管理

EAM（Enterprise Asset Management，企业资产管理）系统，是地铁各专业系统的设备资产及维护管理的业务系统，实现地铁轨道交通线网设备及基地设备的全生命周期管理，即从新线建设、移交、日常运行、日常维护保养、各类规程化维修，一直到设备更新、报废的全过程管理。在此过程中记录每台设备的"履历"，包括静态信息和动态信息。

1. EAM 系统实施流程

设备管理模块涵盖了机电、通信、供电等固定设施设备、移动设施设备以及线性设备资产，包括通风空调、给水排水及消防水、动力照明、通信、信号、供电、接触网、轨道等系统生产设备。站后机电工程 EAM 配合实施流程如图 6.1-1 所示。

2. EAM 系统与机电系统接口方案

各个系统设备与综合监控系统相连，通过数据接口，完成基础数据收集，并将 EAM 所需的状态信息提供给综合监控系统。结合综合监控系统的特点和维修作业的管理流程，将 EAM 中同运营设备维修有关的功能划分为 EAM 的一个子系统，具体系统如图 6.1-2 所示。

运营设备管理系统作为维修支持系统用于维护信息的采集、辅助调度员管理维修作业

教学单元6　BIM在运维阶段的应用

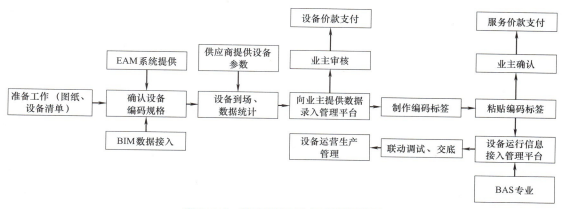

图 6.1-1　站后 EAM 配合实施流程图

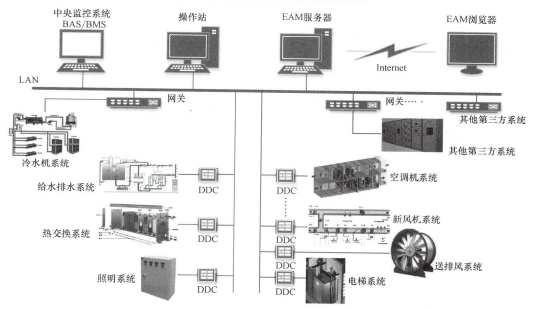

图 6.1-2　EAM 系统与设备接口系统图

等。调度员可借助设备管理系统制定、计划与安排维修工作，达到比传统人工方式更加有效的效果。运营设备管理系统主要承担的功能应包括：维修工单管理，故障分析，设备的日常管理、综合判断和处置，设备 RAM 指标考核、备品配件管理等。

EAM 系统在各车站、车辆段和中心与各机电系统都有物理接口，彼此之间事先要谈好接口协议，对协议中的数据格式有严格的规定，利用已有物理接口和协议数据中预留的寄存器，采集和存储 EAM 系统的相关数据。

系统集成商在控制中心设有实时和历史服务器，将采集的机电系统与 EAM 有关的数据存储到相关服务器，再通过与 EAM 的接口传送到 EAM 系统，同时接收 EAM 的查询指令，查询相关数据后上传到 EAM 系统。

对于不能够将运营设备管理系统所需状态信息接入综合监控系统的机电系统，建议采取维修管理终端相对集中的方式，便于维修值班人员的统一调配以及与设备管理主系统协调处理，及时地发现故障和报警。同时可以考虑采取人工的方式，将相关信息输入到运营设备管理系统中去，进行相应的设备资产管理。

6.1.3 设备管理

轨道交通日常运行结束后，每日都会进行设备日常巡检，其持续运营和维护耗费资金巨大，基于 BIM 技术的设备管理主要包括设施装修、空间规划和维护操作。BIM 数据提供关于建筑项目协调一致、可计算的信息，该信息非常值得共享和重复使用。此外还可远程控制重要设备，把原来商业地产中独立运行的各设备通过 RFID 等技术汇总到统一平台管理和控制。通过远程控制，可充分了解设备的运行状况，为业主更好地运维管理提供良好条件。设施管理在地铁运营维护中起到了重要作用，某车站基于 BIM 运维设施管理系统如图 6.1-3 所示。

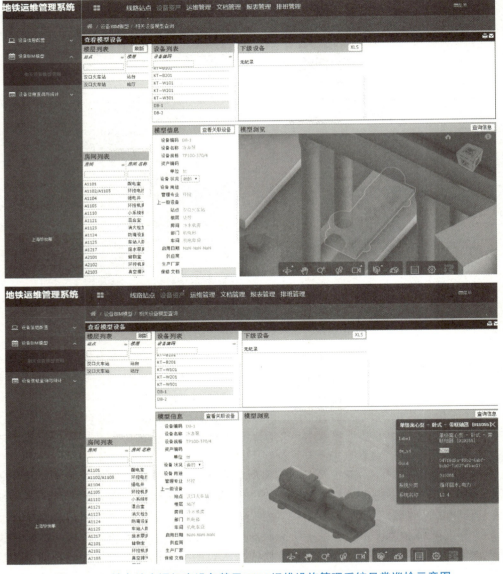

图 6.1-3　某车站空调机房设备基于 BIM 运维设施管理系统日常巡检示意图

设备管理功能根据竣工交付的最终 BIM 模型和基础数据，结合 GIS 在运维系统内构建"真实"的车站位置环境模型及内部设施设备空间模型，将系统设施设备运行系统的数据与运维系统 BIM 模型进行关联，管理人员可通过统一的运维系统直接查看各设施设备的运行数据（如闸机运行、电梯运行、通风运行等），更为清晰直观地反映每台设备、每条管路、每个阀门的运行情况，并根据运行情况实时调节，内容详如图 6.1-4 和图 6.1-5 所示。

图 6.1-4　模型设备可视化管理应用示例

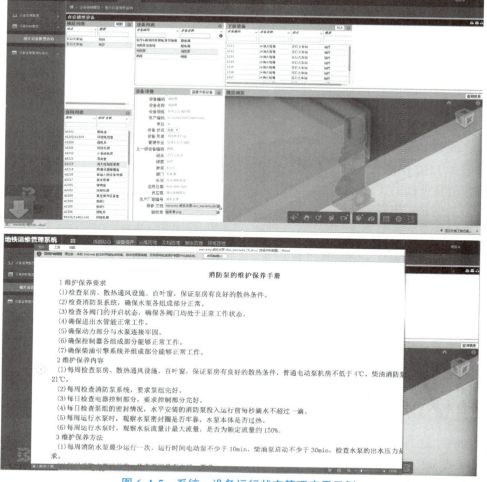

图 6.1-5　系统、设备运行状态管理应用示例

由运维系统直接生成设施设备的独立二维码，集成其基本参数及维护数据，包含生产厂家、产品规格、检修情况、备件情况等。在设备检修前，可通过系统设定检修线路；检修时，人员通过手持端设备扫描设备上的二维码，准确获取设施设备的位置、规格等基本参数及以往检修情况；检修后，通过手持端设备将检修情况反馈至运维系统数据库，实现后台数据更新，由运维系统实施汇总目前设施设备的状态及检修保养信息，自动生成检修日志，为车站及线路的维修提供极大的便利，检修方法如图 6.1-6 所示。

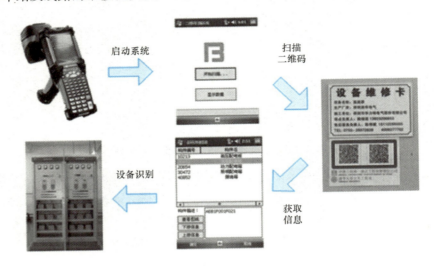

图 6.1-6　设施设备检修管理应用示例

6.1.4　应急管理

基于 BIM 技术的应急管理是指利用建筑信息模型和设施设备及系统模型，制定应急预案，开展应急模拟演练。轨道交通地下场所属于公共、大型和人流聚集区域，突发事件的响应能力非常重要。

传统突发事件处理仅仅关注响应和救援，而通过 BIM 技术的运维管理对突发事件管理包括预防、警报和处理。如遇消防事件，该管理系统可通过喷淋感应器感应着火信息，在 BIM 信息模型界面中自动触发火警警报，立即定位显示着火区域的三维位置，控制中心可及时查询周围环境和设备情况，为及时疏散人群和处理灾情提供重要信息。如图 6.1-7 所示为接连商业等交通枢纽地下空间内的火灾模拟。

传统应急管理缺少可视化工具以及应急处置信息的集中管理。通过运维系统可以快速准确地确定访问人员位置、设备位置、有害物质分布、安全出口分布等数据，帮助现场决策。通过采集客流流量及走向规律数据，由运维系统三维模型模拟应急疏散情况，可以更为合理地规划应急疏散路线。建立多级应急响应团队，系统内置相关负责人信息及应急处置方案，灾害发生可由系统直接发布信息至管理人员手机，迅速实施应急响应程序，疏导路线详如图 6.1-8 所示。

同时基于"BIM＋物联网"的灾害与应急预案管理可为运营方提供设备故障发生后的应急管理平台，提供三种途径以实现灾害与应急处理：第一种是使用笔记本电脑和扫描

教学单元6　BIM在运维阶段的应用

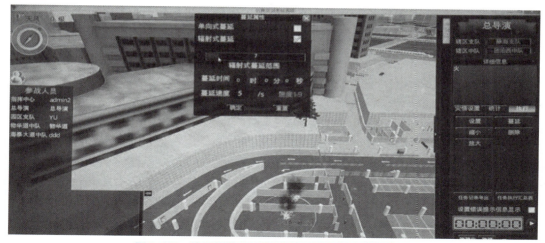

图 6.1-7　某工程基于 BIM 运维管理系统的应急管理

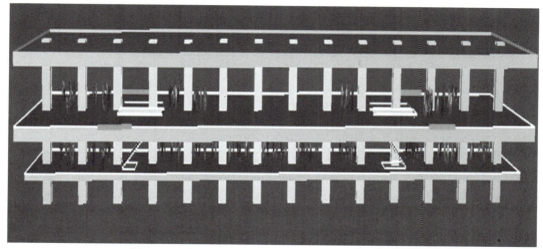

图 6.1-8　人流疏散模拟及系统疏散线路指引应用示例

枪，通过 BIM 数据库与 BIM 模型，快速对事故构件及上游构件进行 3D 定位，同时也可方便调阅维护、维修等知识手册以及备品数量等；第二种是在平台电脑上扫描损坏设备，快速获取关键信息，同时也可以在无线局域网环境下，从 BIM 数据车中获取包括图纸、维护维修手册等其他信息；第三种是可以通过 RFID 标签所组成的网络环境，定位物业管理人员的当前位置，指示前往上游构件的最短或最快路径。

基于物联网的应急管理可省去大量重复找图纸、对图纸的工作，仅用二维编码技术和多维可视化 BIM 平台进行信息动态显示与查询分析，运维人员通过此平台，可以快速扫描和查询设备的详细信息、定位故障设备的上下游构件，指导灾害与应急管控。此外，该功能还能为运维人员提供预案分析，如总阀控制后将影响其他哪些设备，基于知识库智能提示业主应该辅以何种措施解决当前问题。

6.1.5　能耗管理

通过 BIM 结合物联网技术，使得日常能源管理监控变得更加方便。安装具有传感功能的计量器具，可实现建筑能耗数据的实时采集、传输、初步分析、定时定点上传等基本功能，并具有较强的扩展性。系统还可以实现室内温湿度的远程监测，分析房间内的实时温湿度变化，配合节能运行管理。在管理系统中可及时收集所有能源信息，并通过开发的能源管理功能模块对能源消耗情况进行自动统计分析，对异常能源使用情况进行警告或标识。同时，将车站空间的能耗数据阶段性输出，分析能耗数据，发现高耗能的位置和原因，并提出针对性的能效管理方案，降低建筑能耗。

其主要实现方式为：首先，将能耗管理的运维模型、属性信息按要求加载到运维系统的能源管理模块中，信息集成后，在运维系统中进行核查，确保信息集成准确、一致性。其次，通过传感器实时收集设备能耗，并将收集到的水、电等数据传输至中央数据库。最终，进行能耗管理，如能耗分析，运维系统对中央数据库收集的能耗数据信息进行汇总分析，通过动态图表的形式展示出来，并对能耗异常位置进行定位、提醒，智能调节。能耗预测中，根据能耗历史数据预测设备未来一定时间内的能耗使用情况，合理安排设备能源使用计划，最终能耗管理数据为运维部位的能源管理工作提供决策分析和解决依据。

同时，通过接入电力、给水等能源系统及安置数据采集装置，在运维系统内构建能源管理系统（如电力网、水网），实时查看总体能源消耗情况及不同数据采集点信息。除清楚显示建筑内水网位置信息外，通过分析整体管网数据，还可以有效判断水平衡，迅速找到渗漏点，及时维修，减少浪费。

6.1.6 监控管理

以运维平台 BIM 车站模型为基础，将视频监控系统接入运维系统中，在三维模型中可以清楚地显示出每个摄像头的位置，更为直观地了解不同监控地点位置关系，直接点击监控点即可查看现场画面。与传统的监控系统相比，其位置信息更为清晰，视频信息连续调用的程度更高，如图 6.1-9 所示。

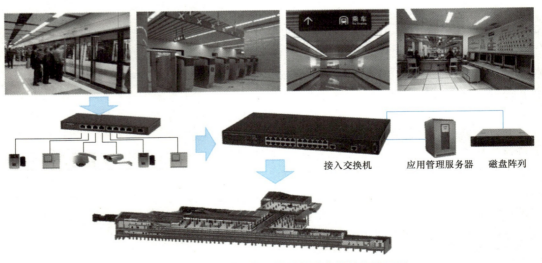

图 6.1-9　基于三维环境下的设施设备监控应用示例

6.2 运维平台开发与应用

目前，国内 BIM 技术的应用更多地关注于建筑设计和施工阶段，运维管理阶段应用相对较少。特别在轨道交通领域，因为现有的运营系统已经能满足列车运营，近几年在不断完善。

6.2.1 功能架构

通过三维 BIM 图形平台整合 BIM 建筑模型、BIM 机电模型、施工资料、运维资料、设备信息、监控信息基础数据、规范信息等图形及信息数据，运维平台架构如图 6.2-1 和图 6.2-2 所示。在三维图形平台基础上，基于 SOA（面向服务的架构）体系设计开发，实现基于 BIM 的三维可视化运维管理（FM）系统。

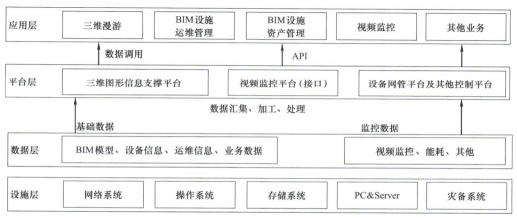

图 6.2-1　BIM 运维平台架构图

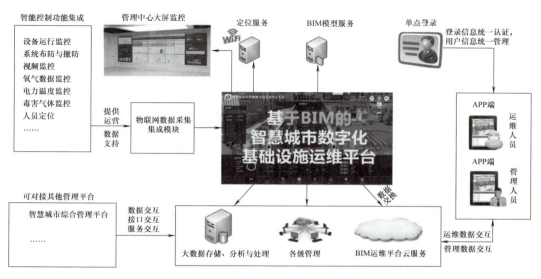

图 6.2-2　BIM 运维平台搭建体系图

系统总体架构包括应用层、平台层、数据层和设施层四个层次，相互形成一个有机的整体。应用层是系统的直接面向客户的应用部分，系统的主要功能都集中在这一层；平台层是整个系统应用的支撑平台，包含三维图形及BIM信息支撑平台、安防视频监控平台等；数据层是整个系统的数据来源基础，包括BIM模型数据、设备参数信息、设备运营信息、运维知识库等，视频监控、能耗监测及楼宇自控等数据是需要集成的数据，可调用设备提供的数据访问接口；设施层是基础软硬件支撑，是系统"24×7h"无故障运行的软硬件基础保证。

某地铁项目一体化及运维平台解决方案

6.2.2 功能分析

运维系统以电子工单模板流转为核心，运维流程贯穿各级部门与工作人员，形成角色级别和流转环节两维度横纵交织的运维管理体系，实现各业务的无缝配合。轨道交通工程的运维中基于BIM技术的运维功能开发是以地下空间环境控制为主，进行设备日常巡检和养护，保障轨道交通运营的稳定性，确保保证设备运作的安全和寿命。同时，将运维工作值班管理业务引进系统，结合作业计划业务功能，实现运维管理日常工作的标准化、规范化、电子信息化，有利于运维工作的纵向深入、横向发展。其系统功能模块简介见表6.2-1。

系统功能简介表　　　　　　　　表6.2-1

序号	功能模块	功能简介
1	三维可视化	主要是运维过程中,设施设备的三维可视化,同时包括三维漫游、快速三维可视化定位、图层管理、故障提醒等基本功能,三维模型是各类信息的载体
2	工具箱	包括复位、快速定位、设备视窗、图层管理和小地图五个主要功能
3	消息管理	实现人员之间的消息通知
4	信息管理	包括设施设备、备品备件的各类信息管理
5	巡检管理	主要有工单发布、工单跟踪、结果分析三个功能模块,可以发布不同类型的任务,主要任务为设施设备的日常检查
6	维护管理	针对车站设备设施维修、保养作业进行全面管理,强化对设备维护过程的设备维护管理件使用管理、强化对备件库存变化的管理,使备件的使用做到有据可查
7	文档管理	实现各种分析资料、规范、规定等的存储,重要文档的管理,综合查询
8	个人信息	包括个人每天的工作事务,待完成和待处理的事件,个人事务的提醒和安排个人信息情况,个人账户基本信息等,方便个人事务的管理
9	系统配置	主要完成系统信息配置管理,包括组织机构、空间管理、文档分类、检查系统配置分类、检查模板、检查内容和用户管理

6.2.3 BIM轻量化

轨道交通项目施工阶段完成的施工BIM模型体量较大，基于BIM模型进行二次开发或构建独立的BIM信息管理系统，首先需要解决BIM轻量化的问题，特别是运维期间移动设备加载BIM时，轻量化显得更为迫切。另外，由于地铁工程多为地下工程，其网络信号相对较弱，如何利用移动设备通畅地查询或上传设施设备信息亦是需要解决的问题。BIM轻量化技术的目的是，在不丢失模型精度的前提条件下提升系统运行BIM的效率，主要通过压缩 BIM 面片数量、动态加载和图层管理等技术来实现。

目前主流的模型轻量化是以"面片数量压缩技术"得以实现,将建模软件所建的面和体文件格式转化为 STL 格式(三角面片数据格式),以三角形集合来表示物体外轮廓的几何模型,具有数据结构简单,适应性强的优点,但易造成数据冗余,影响模型运行效率,其对 BIM 的轻量化要求就很高,在不丧失精度的前提条件下,模型体量越少越好。可利用第三方图形处理软件如 3ds Max、Maya 等来处理,同时还可以提升模型渲染效果。

6.2.4 平台开发

运维平台的关键是实现工程信息数据的集成和共享,目前,国内开发基于 IFC 标准的数据库是实现集成和共享的一个重要方向。基于 BIM 的运维管理涉及众多专业和技术,均需要通过 IFC 文件进行数据转换,实现信息交互和共享。

开发的关键技术应包括构件及设施资产编码和分类技术、建筑信息模型与数据分离式存储、多客户端 BIM 模型差异化展示技术、大数据挖掘和分析技术、BIM 运维基础架构技术共五大板块。同时系统通过结合并优化现有工作流程融入 BIM 运维系统,从而有效减小实际过程阻力。系统开发包括:系统部署与配置、建筑信息收集与初始化、空间资产管理、维护维修服务、设备设施智能监测、视频安防联动、综合分析与决策支持。

6.2.5 功能介绍

根据轨道交通工程运维的特点,在不考虑行车运行的基础上,将基于 BIM 运维系统分为建筑信息管理、空间管理、维护维修服务中心、设备设施能监测、视频安防管理、综合分析与决策支持系统管理七个子模块,并基于先进的架构设计概念对运维系统的系统架构和网络拓扑结构进行深化设计,系统采用一体化集成方式集成系统、安防系统等信息系统数据,对 BIM 运维模型提出针对性的解决办法,其主要功能及内容详见表 6.2-2。

地铁运维系统功能简介表　　　　表 6.2-2

序号	主要功能	功能简介
1	建筑信息管理	基于 BIM 对建筑信息、资料、模型进行查看、管理;对 BIM 模型及其与房间、BA 测点、安防的关联关系导入、更新与维护;支持导入、更新与管理项目资料,建立与 BIM 关联关系,便于检索,包括 BIM 导入、BIM 更新、三维模型浏览、模型信息管理、项目资料管理、项目资料快速检索等
2	空间管理	基于 BIM 模型建立房间、大厅等空间信息,支持在三维视图、列表等视图中进行房间使用分配、统计分析等功能;资产管理员在查看各科室房间时可查看房间的空间位置和布局
3	维护维修服务中心	运维系统的服务窗口,方便各层级用户快速发起维修请求,查看、处理维护维修请求和计划,上传相关资料;维护维修服务中心支持根据不同的车站、区间、不同的专业自定义不同的应急维修、日常维保和应需维修流程,从而支持根据实际情况调整各个维护维修任务的流程;支持基于二维码进行维护维修信息与设备的管理,并支持通过扫描二维码查看设备各类信息
4	设备设施智能监测	机电设备 BIM 模型,展示各个系统的主要设备信息、逻辑结构以及物理结构;OPC 等标准接口与 BA 无缝对接,获取 BA 的实时监测数据,在数据库中备份 BA 系统获取的各类智能监测数据
5	视频安防管理	通过接入视频安防系统,并自动关联摄像头,实现在三维视图中随意选择摄像头并获取其监控信息;支持报警系统联动,当发生报警时,能自动跳转报警点监控画面;支持日常安全巡逻的可视化管理,便捷直观地查看巡更状态
6	综合分析与决策支持	通过收集并整理运维过程中产生的数据,结合设备的能耗(或其他使用信息)、BA 监测信息和维护维修信息,分析设备使用负荷与维修周期的关系,发掘各个设备的最优使用负荷,优化建筑性能,减少维修成本;根据 BA 监测报警信息与维护维修反馈信息,不断优化各个设备 BA 监测的报警阈值和条件,减少误报、漏报

续表

序号	主要功能	功能简介
7	系统管理	政府导向、发展需求、管理实际需求多重导向下 BIM 的可视化、信息化、集成化、智能化的运维管理

某地铁运维综合管理系统的主要功能有：地图管理、大数据管理、警告管理、运维人员管理、运维计划管理，其主要功能如图 6.2-3 和图 6.2-4 所示。

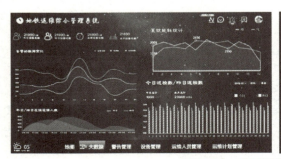 

图 6.2-3　BIM 运维平台搭建体系图

图 6.2-4　BIM 运维平台主要功能介绍

6.3　BIM 在运维中的展望

以城市轨道交通工程的建设为背景，围绕全生命周期管理的理念，紧密结合建设管理核心问题，运用三维地质、GIS、BIM 等数字化技术，开展理论与应用研究，利用物联网技术和可视化技术，实现便捷的交互式查询，建筑运维系统与城市轨道交通自有列车运营系统结合是全周期运维发展的方向。基于上述理论，及时分析和高效利用数据尤为重要，实现轨道交通全寿命周期过程中地质、设计、施工、进度、安全、质量、合约等信息的高度集成与综合分析，在运维阶段的展望如下文。

6.3.1　数字轨道交通

数字轨道交通是轨道交通信息化发展的必然结果，数字轨道交通建设目标一方面是实现轨道交通各业务系统的数字化和信息化，规范轨道交通基础信息和动态业务信息共享交换方式，另一方面是建立以轨道交通信息平台为核心的轨道交通化服务与共享体系，最终实现轨道交通各系统间的信息充分共享，全面提高轨道交通资源综合利用效率和展示服务水平。

6.3.2　系统整合、资源共享和系统架构的一体化

目前轨道交通信息系统众多，存在资源重复信息无法共享和各城市信息系统建设不规

范的问题，下一步应修订完善城市轨道交通信息化总体规划，进行顶层设计，核心是要整合信息系统，构建面向各专业的大系统；规范基础信息及编码，建设信息共享平台；建立逐步趋于集中的信息系统架构，建设"双活"大数据中心，实现灾难备份。如图 6.3-1 所示。

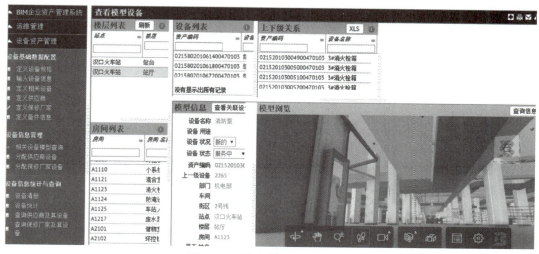

图 6.3-1　资产管理与资源共享

6.3.3　主动安全保障

传统的被动式安全保障已无法满足轨道交通的安全运营和可持续发展的要求，实施主动安全保障的先进技术和系统已成为轨道交通健康发展的前提和必要条件。长期的安全运营经验和深痛的事故教训，在行业内达成了共识，提出了运营控制系统的自主可控、结构设施设备安全隐患识别和移动装备安全保障提升三大核心问题，如若通过 BIM 技术可提前预警，逐步解决三大核心问题，可满足我国城市轨道交通高速度、高密度、高安全快速发展之急需，又可在工程实践总体世界领先的基础上，实现安全保障技术的世界领先。

6.3.4　运力资源全生命周期管理

运营成本、提供轨道交通固定设施、移动装备等运力资源的全生命周期管理是维护管理运力资源、提高轨道交通竞争力的核心，在基于 BIM 运维系统中建立履历台账信息、重要故障及状态维修信息、寿命预测与维修优化决策支持信息等系统，实现轨道交通所有资源的实时跟踪，同时支持维修维护的实时状态化、精细化和智能化是轨道交通运营的方向。

6.3.5　智慧轨道交通

随着行业的发展，轨道交通智慧运营将是未来智能控制的方向，综合运用建筑信息、通信技术手段，感知采集、解析项目建设的关键信息，依托全过程信息化管理平台，实现投资、进度、质量、安全等各项管理需求的智能响应，将实现城市轨道交通的智能管理、服务、应急响应，有机融入智慧城市。

思考与练习题

一、填空题

1. _____ 在地铁运维管理中起到了决定性作用，直接决定了运营管理功能能否实现。

2. 基于 BIM 技术的运维管理主要分为 _____、_____、_____、_____、_____ 和 _____ 六个方面。

3. 在日常车站设备的运维管理中，是通过_____获取车站内消防设施位置，消防报警时，可在 BIM 模型上快速定位所在位置，查看周边疏散通道和重要设备的具体情况。

4. 基于 BIM 技术的应急管理是指利用_____ 和 _____，制定应急预案，开展的应急模拟演练。

5. 运维平台的关键是实现工程信息数据的集成和共享，目前，国内开发基于_____标准的数据库是实现集成和共享的一个重要方向。

6. 运维系统以_____为核心，运维流程贯穿各级部门与工作人员，从而形成角色级别和流转环节两维度横纵交织的运维管理体系，实现各业务的无缝配合。

二、单项选择题

1. BIM 技术在轨道交通工程全生命周期应用中，（　　）是保证行车安全、提高运输能力、改善旅客服务和加强维修管理的关键。
   A. 建筑信息的准确建模　　　B. 建筑功能的准确表达
   C. 建筑信息的准确输出　　　D. 建筑信息的准确输入

2. 应急管理是通过（　　），由运维系统三维模型模拟应急疏散情况，可以更为合理地规划应急疏散路线。
   A. 收集车站运行信息　　　B. 采集客流流量及走向规律数据
   C. 收集设备运行状态　　　D. 收集有害物质及安全出口分布

3. （　　）是当物体覆盖屏幕较小区域时，使用该物体较粗的模型，便于对复杂场景进行快速绘制。
   A. 面片数量压缩技术　　　B. 模型的动态加载技术
   C. 多层细节技术　　　　　D. 三角面片数据技术

4. （　　）是轨道交通信息化发展的必然结果，一方面可规范轨道交通基础信息和动态业务信息共享交换方式，另一方面是建立以轨道交通信息平台为核心的轨道交通化服务与共享体系。
   A. 数字轨道交通　　　　　B. 信息轨道交通
   C. 产业轨道交通　　　　　D. 智慧轨道交通

5. 实施（　　）安全保障的先进技术和系统已成为轨道交通健康发展的前提和必要条件。
   A. 主动　　B. 被动　　C. 自动　　D. 联动

三、多项选择题

1. 国内外 BIM 运维平台的应用相对成熟的研究应用主要集中在（　　）。
   A. 空间管理　　　　B. 设备管理　　　　C. 能耗监控
   D. 应急管理　　　　E. 资产管理

2. 基于 BIM 的运维系统总体架构包括（　　）层次，相互形成一个有机的整体。
   A. 应用层　　　　　B. 平台层　　　　　C. 数据层
   D. 设施层　　　　　E. 现场层

3. 基于先进的架构设计理念对运维系统的（　　）进行深化设计，系统采用一体化集成方式集成系统、安防系统等信息系统数据，来 BIM 运维模型提出针对性的解决办法。
   A. 系统分析　　　　B. 系统架构　　　　C. 设计分析
   D. 网络拓扑结构　　E. 绿色分析

4. 以"面片数量压缩技术"轻量化的模型有（　　）这些特点。
   A. 数据结构简单　　　　　　　　　B. 适应性强的优点
   C. 易造成数据冗余　　　　　　　　D. 模型运行效率高
   E. 模型体量大

5. 综合运用（　　），感知采集、解析项目建设的关键信息是轨道交通智慧运营未来智能控制的方向。
   A. 数字技术　　　　B. 建筑信息　　　　C. 通信技术
   D. 智慧运营　　　　E. 智能管理

四、问答题

1. 基于城市轨道交通运维管理主要包括哪些内容？
2. 基于 BIM 的能耗管理是如何实现的？
3. BIM 轻量化是如何实现的，其目的是什么？
4. 基于 BIM 的运维平台开发应包括哪些关键技术？

参 考 文 献

[1] 毛志兵. 建筑工程新型建造方式 [M]. 北京：中国建筑工业出版社，2018.
[2] 龚剑. 工程建设企业 BIM 应用指南 [M]. 上海：同济大学出版社，2018.
[3] 丁烈云. BIM 应用·施工 [M]. 上海：同济大学出版社，2015.
[4] 刘光武. 城市轨道交通 BIM 应用研究与实践 [M]. 北京：中国建筑工业出版社，2016.
[5] 刘新根，黄力平，刘学增，等. 城市交通枢纽 BIM 技术应用研究与实践 [M]. 上海：同济大学出版社，2018.
[6] 陆泽荣，刘占省. BIM 应用与项目管理 [M]. 2版. 北京：中国建筑工业出版社，2018.
[7] 刘占省，赵雪锋. BIM 技术与施工项目管理 [M]. 北京：中国建筑工业出版社，2018.
[8] 李犁，邓雪原. 基于 BIM 技术的建筑信息平台的构建 [J]. 土木建筑工程信息技术，2012（25）.
[9] 杨新，焦柯，鲁恒. 基于 BIM 的建筑正向协同设计模式研究 [J]. 土木建筑工程信息技术，2019，11（4）：28-32.
[10] 张波，孙希波，霍滨. 城市轨道交通工程 BIM 实施体系研究 [J]. 土木建筑工程信息技术，2019，11（4）：63-69.
[11] 辛佐先. 城市轨道交通项目建筑信息模型（BIM）应用模式研究 [J]. 城市轨道交通研究，2014（8）：23-27.
[12] 冀程. BIM 技术在城市轨道交通工程设计中的应用 [J]. 地下空间与工程学报，2014（S1）：1663-1668.
[13] 周明科，张鑫，张波，等. 基于 BIM 技术的城市轨道交通工程风险识别方法研究 [J]. 施工技术，2019，48（3）：107-110.
[14] 常盛杰，党建武，王阳萍. 基于 Revit 的牵引变电设备 BIM 模型与信息集成研究 [J]. 图学学报，2018，39（4）：771-777.
[15] 蔡蔚. 建筑信息模型（BIM）技术在城市轨道交通项目管理中的应用与探索 [J]. 城市轨道交通研究，2014（5）：1-4.
[16] 王辉，明磊，邵凌，等. 钢筋集约化加工技术研究 [J]. 施工技术，2019，48（4）：61-64.
[17] 杨麒麟. 基于 BIM 的可视化协同设计应用与研究 [J]. 西南交通大学，2016.
[18] 刘卡丁，张永成，陈丽娟. 基于 BIM 技术的地铁车站管线综合安装碰撞分析研究 [J]. 土木工程与管理学报，2015，32（1）：57-62.
[19] 王忠诚，王磊. 基于 BIM 技术的地铁车站机电综合管线排布应用 [J]. 土木建筑工程信息技术，2016，8（3）：66-73.